MATRIARCADO NARCISISTA

DISCLAIMER AND/OR LEGAL NOTICES: The information presented herein represents the view of the author as of the date of publication. Because of the rate with which conditions change, the author reserves the right to alter and update his opinion based on the new conditions. The report Matriarcado Narcisista is for informational purposes only. While every attempt has been made to verify the information provided on this report, neither the author nor his affiliates/partners assume any responsibility for errors, inaccuracies, or omissions. Any slights of people or organizations are unintentional. If advice concerning legal or related matters is needed, the services of a fully qualified professional should be sought. This report is not intended for use as a source of legal, psychological, accounting, or therapeutic advice. You should be aware of any laws which govern business transactions or other business practices in your country and state. Any reference to any person or business whether living or dead is purely coincidental.

AVISO DE RESPONSABILIDAD Y / O AVISOS LEGALES: La información aquí presentada representa la opinión del autor a la fecha de publicación. Debido a la velocidad con la que cambian las condiciones, el autor se reserva el derecho de modificar y actualizar su opinión en función de las nuevas condiciones. El informe Matriarcado Narcisista es solo para fines informativos. Si bien se ha hecho todo lo posible por verificar la información proporcionada en este informe, ni el autor ni sus afiliados / socios asumen ninguna responsabilidad por errores, inexactitudes u omisiones. Cualquier desaire de personas u organizaciones no es intencional. Si se necesita asesoramiento sobre asuntos legales o relacionados, se deben buscar los servicios de un profesional totalmente calificado. Este informe no está destinado a ser utilizado como fuente de asesoramiento legal, psicológico, contable o terapéutico. Debe conocer las leyes que rigen las transacciones u otras prácticas comerciales en su país y estado. Cualquier referencia a cualquier persona o empresa, viva o muerta, es pura coincidencia.

Imagen Portada:
Alessandro Sicioldr

MATRIARCADO NARCISISTA

Mauricio Zermeño De los Reyes

Al parecer tu madre padece un
Trastorno de la Personalidad.
~

Trastorno Narcisista de la Personalidad
presente en la Madre.
~

La Madre Devoradora
~

Un enfoque amoroso, profesional y objetivo del
Trastorno Narcisista de la Personalidad, y
su sistema familiar.
~

El Clan de la Familia Narcisista
~

El Narcisismo en el Poder

Un camino hacia la sanación personal.

"Es más fácil engañar a alguien,

que convencerlo que ha

sido engañado."

Mark Twain

*A mi adorada esposa y a mis dos amados hijos, quienes me han
ayudado a ser una mejor versión de mi persona cada día que he
pasado al lado de ellos.
Gracias por permitirme ser parte de sus vidas.*

A mi tía Tere R. por su maternal cariño.

*A mi querida Jackie por tanto cariño
y por creer en mí.*

Mauricio Zermeño De los Reyes

Matriarcado Narcisista

Tu madre no es tóxica,
está enferma del
Trastorno Narcisista de la Personalidad

ISBN: 9798673770696

Agosto, 2020. by MetaDataMex ©

402 Canada, León, Guanajuato, México

www.toxicologyofpersonality.com

ÍNDICE

RECONOCIMIENTOS

Este libro es producto de cuatro años de investigación y diálogo personal con expertos en materia de trastornos de la personalidad narcisista, y con familias afectadas por el trastorno en sus sistemas familiares. Agradezco a las familias que compartieron sus historias para entender y comprender un poco más acerca del Trastorno Narcisista de la Personalidad en la madre. Agradezco a toda mi familia de manera muy especial. A Alessandro Sicioldr por su valioso apoyo al permitirme utilizar su arte en este libro. Agradezco a Bibiana R. por sus comentarios y por su valiosa experiencia en sistemas familiares narcisistas. A mi querida Gaby H., quien participó de manera muy especial en la culminación de este libro y quién se convirtió en parte importante de mi historia personal. A Mónica Dorsey por sus consejos profesionales y cariñosos y por ser parte de mi proceso. A mi queridísima Fam. L.C. (Jorge, Georgette, Martha y Paloma) por tanto cariño todos estos años. A la Fam. Rosenzweig por el apoyo y el cariño incondicional. A V D.R. y a mi tía Tere R. por sus palabras y profundo afecto durante mi proceso familiar. Este libro no habría sido terminado sin la valiosísima oportunidad y confianza que K.O. me brindó en esta etapa de mi vida, por lo que le estoy profundamente agradecido. A los hermanos F. Casillas, quienes siempre me abrieron las puertas de su casa, e igualmente a mi querida prima Maribel P.Z. por ser mi familia en la CDMX. A JR por convertirse en mi familia de sangre y mostrarme que los amigos son la familia que tú eliges. A Marie, nuestra hermana. A mi querida Lucy R., por ser mi maestra de vida en los últimos diez años y por haberme ayudado a enfocar los lentes de la mente y del alma. A Juan Pedro O., por haber sido siempre un instrumento de Dios en mi vida. Estoy profundamente agradecido con Dios por haber elegido para mí la familia en la que nací y a la que pertenezco y amo profundamente. A mi madre, por haberme traído a este mundo y haberme dado todo el amor que tenía para mí– *siempre serás amada y recordada con mucho amor* –. Agradezco a mi esposa Xime y a mis hijos Santiago y Jerónimo por su paciencia y amor incondicional, y quienes a la vez me han enseñado a amar profunda e incondicionalmente.

I
Prefacio

El sistema narcisista no está limitado al padre o a la madre, ambos pueden ser el narcisista en el sistema familiar o solo uno de los dos. El Narcisismo comenzó a ser considerado como una patología del clúster B de los trastornos de la personalidad en el Manual Diagnóstico y Estadístico de los Trastornos Mentales, o DSM-V (Diagnostic and Statistical Manual of Mental Disorders en inglés por la APA: Asociación Estadounidense de Psiquiatría) relativamente de manera reciente. Poco se ha hablado del trastorno narcisista matriarcal en el mundo, y existen menos textos o estudios en español que los encontrados en el idioma inglés. Lo anterior hace que el TNP o Trastorno Narcisista de la Personalidad presente en la madre sea todavía menos conocido en países de habla hispana.

Por lo anterior, es posible que en Latinoamérica o en países en donde existe el mito de la madrecita santa, y en donde se venera la imagen de la madre intocable, el tema del narcisismo matriarcal no haya sido muy explorado o incluso rechazado y tabuizado, y es también muy probable que en dichos países se puedan encontrar el mayor número de casos de madres afectadas por el Trastorno Narcisista de la Personalidad sin que hayan sido descubiertos o tratados por las mismas razones.

En la cultura mexicana definitivamente el tema no ha sido estudiado y detectado a profundidad, precisamente porque en países como México en donde se encuentran arraigadas máximas culturales como: "*a la madre no se le toca*", "*la madre es la madre*", "*no te metas con mi madre o te parto tu madre*", "*con la madre no te metas*"; cualquier tema relacionado con afectar la imagen perfecta de la madre es un tabú. Es en países como México en donde se entronizó la figura matriarcal desde principios del siglo XX. Algunos autores en México han tratado el tema de la matriarca mexicana y han profundizado al respecto desde un punto de vista antropológico, mismo que abordaremos en uno de los capítulos de este libro.

Lo anterior pudo haber provocado que el TNPM (Trastorno Narcisista de la Personalidad en la Madre, o Matriarcal) haya sido confundido en muchas ocasiones, con simples casos de madres mexicanas autoritarias y dominantes, producto de la cultura matriarcal del siglo pasado en México. El trastorno pudo haber sido ocultado detrás de un velo de la madre mexicana fuerte, que tenía que tomar las riendas de la familia ante un padre completamente disminuido. "Mucha madre ante poco padre". Esta probable cortina de humo ante la posibilidad de un Trastorno Narcisista de la Personalidad en la madre (además que en el siglo pasado en México no se conocía a profundidad el tema del narcisismo por muchas razones), no permitió plantearse a los miembros de la familia la posibilidad de que, en algunos casos específicos, existía una patología en la madre. En el caso del sistema *patriarcal* narcisista en México, este puede ser confundido cotidianamente con el machismo nacional, también muy arraigado en la cultura mexicana.

Si estás leyendo este libro, probablemente es porque vienes de un sistema familiar abusivo y complejamente tóxico y te encuentras en busca de respuestas. Es probable que vengas de un sistema en dónde tuviste una madre complicada, tóxica, abusiva, pero nunca entendiste realmente qué estaba pasando detrás de esa violencia evidente en la familia; los pleitos sin una causa o un motivo de peso, las divisiones internas, la familia "perfecta" por un lado, pero por otro, un sistema de abuso dentro del seno familiar.

Tal vez nunca te habías planteado que tu madre es víctima de una enfermedad mental y ahora se abre esta posibilidad, por lo que deseas conocer más del tema y averiguar si tu madre es tóxica, o padece un Trastorno Narcisista de la Personalidad *matriarcal*. Este libro podrá ayudarte a precisamente, esclarecer esa pregunta.

Muchas madres pueden ser complicadas, pero eso no significa que están enfermas o trastornadas mentalmente. Es muy importante estudiar a fondo cada caso para realmente poder diagnosticar un problema tan complejo, por lo que se recomienda acudir con un especialista de las enfermedades del cluster B de la personalidad del DSM-V. Es importante que si detectas que tu madre pudiera tener un trastorno mental, que te acerques a un profesional para recibir consejo respecto a tu caso en particular.

Espero que después de leer este libro, hayas podido esclarecer muchas de tus dudas y descubrir si eres el sobreviviente de un sistema patológicamente enfermo, o en caso de que continúes dentro del sistema de abuso por parte de tu madre, espero que este libro te ayude a salir del mismo, al encontrar mucha información actualizada en lo general acerca del trastorno narcisista, y en lo particular con respecto al TNP presente en la madre.

Debido a que el TNP no es curable (aunque sí tratable), y los que tienen que acudir a solicitar ayuda urgente son todas las personas que están alrededor de la persona que padece esta cruel y compleja enfermedad, es importante que además de apoyarte en lecturas como esta, acudas a un especialista de la salud mental para obtener asesoría.

Durante la mitad del siglo pasado Kernberg (1975) aunque con enfoques radicalmente diferentes, que el trastorno narcisista de la personalidad era tratable con psicoterapia psicoanalítica. Los doctores Kohut y Kernberg se enfocaron en terapias centradas en *transferencia, terapias metacognitivas y terapia esquemática-céntrica.*

Existen muchas formas de abordar el tema del sistema familiar narcisista. En lo que corresponde a este libro, te aconsejo abordar el sistema familiar narcisista y el TNPM, desde un entendimiento con un enfoque amoroso ante el posible trastorno psicológico presente en tu madre. Este enfoque de entendimiento y amor profundo hacia la madre y la familia podrá sanar en gran medida las heridas causadas por una patología poco entendida y muy oculta en los sistemas narcisistas familiares en el siglo XXI.

Esta forma integral (cuerpo, mente y alma) de abordar el tema de la patología narcisista en la madre desde una perspectiva amorosa, podrá ser una forma más eficiente de ayudar a que comiences un camino de sanación personal y de liberación del sistema patológico y tóxico en el que probablemente te encuentres. En este libro, encontrarás gran cantidad de información para entender la enfermedad, pero también una lista de recomendaciones de apoyo para salir de un sistema de abuso psicológico de manera rápida.

Es importante que entiendas, que, si tu madre presenta la patología de la personalidad narcisista, la relación madre-hijo está trastornada, trastocada y desequilibrada, lo que puede producir serias heridas en tu psique o en la psique de los demás miembros de tu familia.

Desde el enfoque del amor hacia nosotros mismos, también abordaremos el trastorno desde una visión completamente clínica para entender cómo es posible que una madre que debería ser fuente de amor incondicional sea una fuente de odio y caos. Descubrir la patología narcisista en la madre significa abrir la puerta al entendimiento, y entender es abrir la puerta a la sanación personal y al perdón. Esta apertura tiene que iniciarse desde una ruta amorosa y comprensiva para que realmente el proceso de sanación se logre de forma integral y efectiva. A diferencia de muchos libros y autores, este libro pretende enfocarse en el perdón, la sanación y la reconciliación personal desde un punto de vista amoroso y comprensivo.

Si se logra lo anterior, podrás comenzar a entenderte, a entender al sistema, a entender a los que te rodean, y a entender a la madre que nos dio la vida como una fuente inagotable de amor en un plano espiritual desde nuestra concepción, aunque en el plano material-humano nuestra madre no haya sido una fuente incondicional de amor. Con ello, podremos sanar para crecer libres de narcisistas y libres de dudas y culpas engendradas por la patología.

Equipados con todo lo anterior, estoy seguro de que SÍ existe un camino a la sanación y al desarrollo personal, para ser mejores personas evolucionadas, trascendidas y sanadas.

Deseo que este libro sea ese camino que estás buscando para entenderte y ser un mejor ser humano cada día por el resto de tu vida.

II
¿Qué es un trastorno mental?

Los trastornos mentales comprenden una amplia gama de problemáticas con una enorme cantidad de diferentes síntomas. Sin embargo, por lo general se caracterizan por una combinación de estados de conductas y de sistemas de creencias y pensamientos anormales, emociones, comportamientos y relaciones con los demás. De acuerdo con la página de la Biblioteca Nacional de Medicina de los Estados Unidos, las enfermedades o trastornos mentales son afecciones que impactan el pensamiento, sentimientos, estado de ánimo y comportamiento de las personas. Pueden ser ocasionales o duraderas (crónicas). Pueden afectar la capacidad de relacionarse con los demás y funcionar cada día.

Algunos ejemplos de trastornos mentales más conocidos son los de tipo esquizofrenia, depresión, discapacidades intelectuales y trastornos debidos al abuso de drogas. La mayoría de estos trastornos se pueden tratar con éxito, sin embargo, algunos no tienen cura y muchas veces ni tratamiento. Este es el caso del Trastorno Narcisista de la Personalidad que no tiene cura.

El DSM-V, es un manual que incluye un listado de las enfermedades y trastornos mentales y que ha sido revisado en varias ocasiones, aceptado por la Asociación Americana de Psiquiatría, y que el mismo se ha ido modificando para indicar cuáles trastornos son aceptados como enfermedades mentales. Se han quitado algunos y se han incluido algunos otros conforme se van descubriendo nuevos trastornos.

Algunos ejemplos de enfermedades mentales incluyen depresión, trastornos de ansiedad, esquizofrenia, trastornos alimentarios y conductas adictivas. Muchas personas tienen problemas de salud mental de vez en cuando, pero un problema de salud mental se convierte en una enfermedad mental cuando los signos y síntomas continuos causan estrés frecuente y afectan su capacidad para funcionar. Una enfermedad mental puede hacerte sentir miserable y puede causar problemas en tu vida diaria, como en el trabajo o en las relaciones.

De acuerdo con Mayo Clinic (2018) en la mayoría de los casos, los síntomas de enfermedades mentales se pueden manejar con una combinación de medicamentos y/o asesoramiento (psicoterapia).

Se cree que las enfermedades mentales, en general, son causadas por una variedad de factores genéticos y ambientales tales como:

- ***Rasgos heredados****. La enfermedad mental es más común en personas cuyos parientes biológicos (de sangre) también tienen una enfermedad mental. Ciertos genes pueden aumentar su riesgo de desarrollar una enfermedad mental, y su situación de vida puede desencadenar la enfermedad mental real.*
- ***Exposición ambiental antes del nacimiento****. La exposición a virus, toxinas, alcohol o drogas mientras está en el útero a veces puede estar relacionada con enfermedades mentales.*
- ***Experiencias negativas en la vida****. Las situaciones en su vida, como la pérdida de un ser querido, los problemas financieros y el alto estrés, pueden desempeñar un papel en el desencadenamiento de enfermedades mentales. Las experiencias de la vida pueden conducir a patrones de pensamiento poco saludables vinculados a enfermedades*

mentales, como el pesimismo o formas distorsionadas de pensamiento.

- ***Química cerebral***. *Se cree que los cambios bioquímicos en el cerebro afectan el estado de ánimo y otros aspectos de la salud mental. Los químicos cerebrales que se producen naturalmente llamados neurotransmisores juegan un papel muy relevante en algunas enfermedades mentales. En algunos casos, los desequilibrios hormonales afectan la salud mental. Se cree que los rasgos heredados, las experiencias de la vida y los factores biológicos pueden afectar la química del cerebro relacionada con las enfermedades mentales* (Mayo Clinic, 2020).

En resumen, ciertos factores pueden aumentar el riesgo de desarrollar problemas de salud mental, que incluyen:

- *Tener un familiar biológico (sangre), como un padre o hermano, con una enfermedad mental.*
- *Experiencias en el útero, por ejemplo, tener una madre que estuvo expuesta a virus, toxinas, drogas o alcohol durante el embarazo.*
- *Experimentar situaciones estresantes de la vida, como problemas financieros, la muerte de un ser querido o un divorcio.*
- *Tener una afección médica crónica, como cáncer.*
- *Experimentar daño cerebral como resultado de una lesión grave (lesión cerebral traumática), como un golpe violento en la cabeza.*
- *Tener experiencias traumáticas, como un combate militar o ser asaltado.*
- *Uso de drogas ilegales.*
- *Ser abusado o descuidado en la infancia.*
- *Tener pocos amigos o pocas relaciones saludables.*
- *Tener una enfermedad mental previa.*

La enfermedad mental es común. Aproximadamente 1 de cada 4 adultos tiene una enfermedad mental en un año determinado. Aproximadamente la mitad de los adultos estadounidenses desarrollarán una enfermedad mental en algún momento de sus vidas. La enfermedad mental puede comenzar a cualquier edad, desde la infancia hasta la edad adulta posterior (Mayo Clinic, 2018).

En el DSM-V se señalan tres clusters que agrupan los diez trastornos específicos de personalidad:

a) cluster A (trastornos paranoide, esquizoide y esquizotípico), vinculado a personas con conductas extravagantes y excéntricas.

b) cluster B (trastornos antisociales, límite o borderline, histriónico y narcisista), relacionado con personas con conductas dramáticas, emocionales o erráticas.

c) cluster C (evitativo, dependiente y obsesivo-compulsivo), referido a personas con conductas de ansiedad.

El Trastorno Narcisista de la Personalidad está incluido en el cluster B, que agrupa las enfermedades mentales relacionadas con desórdenes de trastornos antisociales, border line, histriónico y narcisista. El trastorno de la madre narcisista, como se indica, recae en este cluster B, en el cluster de los trastornos antisociales. En todos los casos de madres narcisistas, existirá en el hogar, un sistema de abuso muchas veces disfrazado, dirigido a todos los miembros de la familia. Cuando el abuso se relativiza en el hogar y se disfraza, se crea una situación de hiper-normalización del abuso que trataremos en el siguiente capítulo.

La facultad de Psiquiatría de la Universidad Nacional Autónoma de México define al trastorno de la personalidad como un patrón permanente e inflexible de experiencia interna y de comportamiento que se aparta acusadamente de las expectativas de la cultura del sujeto, tiene su inicio en la adolescencia o principio de la edad adulta, es estable a lo largo del tiempo y comporta malestar o perjuicios para el sujeto (Universidad Nacional Autónoma de México [UNAM], 2020, pp. 1-13)

III
¿Qué es el TNP o Trastorno Narcisista de la Personalidad?

Existe muchísima confusión con el término Narcisista en la actualidad, y en gran parte se debe a que las personas que no están familiarizadas con el diagnóstico del Trastorno Narcisista de la Personalidad pueden confundir el término "narcisista" con "vanidad". Todos los seres humanos tenemos algo de narcisistas desde el punto de vista vanidoso, pues todos tenemos un ego o autoestima que está relacionada a querer vernos bien y sentirnos bien con nosotros mismos. Ser vanidoso no significa necesariamente estar enfermo del trastorno narcisista, aunque si la vanidad es **desmedida**, se tendría que analizar cada caso para descartar tener la enfermedad.

De acuerdo con la mitología griega, Narciso es presentado como un joven apuesto caminando por el bosque cuando una ninfa lo vio y se enamoró profundamente de él. Narciso sintió que lo seguían y gritó "¿Quién está allí?". Echo repitió "¿Allí, Allí?". Él respondió "Ven". Echo repitió "Ven, Ven". Cuando ella finalmente reveló su identidad e intentó abrazarlo Narciso huyó de ella. La Ninfa quedó desconsolada y pasó el resto de su vida en cañadas solitarias hasta que solo quedó un eco de ella. Némesis, la diosa de la venganza, decidió castigar a Narciso haciendo que se enamorara de su propio rostro al acercarse a una piscina en el bosque. Narciso no se dio cuenta de que era simplemente su propio reflejo y se enamoró profundamente de él mismo, como si fuera otra persona. Incapaz de abandonar el encanto de su imagen, finalmente se dio cuenta de que su amor no podía ser correspondido, que al igual que le había sucedido a la Ninfa, el reflejo de sí mismo nunca le correspondió, por lo que se ahogó en el agua y nació una flor que hasta el día de hoy se le conoce como narciso.

Óleo en lienzo atribuido en 1913 a Caravaggio

Ser un poco narcisista moderado (o vanidoso), no es lo mismo que padecer el Trastorno Narcisista de la Personalidad, en donde se presenta una imagen deformada de sí mismo, con una personalidad completamente exaltada y sin capacidad de empatía por los demás, por mencionar algunos rasgos del trastorno, mismos que se explicarán más adelante.

Por lo tanto, no todas las personas vanidosas están enfermas del Trastorno Narcisista de la Personalidad y es importante puntualizar esta diferencia. Existe una concepción errónea acerca de las personas que sufren algún tipo de narcisismo patológico, que asume que todas las personas con este trastorno, al igual que Narciso en la mitología griega, se aman a sí mismas. Por el contrario, las personas con el Trastorno Narcisista de la Personalidad se desagradan a sí mismas inmensamente. Las personas con este trastorno, en su interior, tienen una personalidad disminuida a tal grado, que para compensar el sentimiento de inseguridad que alberga en su interior, tratan de mostrar una personalidad inflada y aparentemente cubierta de una imagen de una persona segura de sí misma. En realidad, es todo lo contrario (Lancer, 2020).

Las personas que sufren el trastorno tienen no solo una imagen interior deformada de sí mismas, sino que son personas sumamente inseguras que sienten un miedo enorme de interiorizar, pues tienen pánico a encontrar su verdadera personalidad interior. Están tan carentes de una personalidad propia, que requieren una validación constante de los demás, y buscan personas que las admiren y les provean de suministro narcisista. Para regularse, el narcisista requiere admiración externa ante la carencia de una admiración saludable interna. El narcisista no se quiere a sí mismo (Lancer, 2020).

El Trastorno Narcisista de la Personalidad o TNP, es un trastorno mental en el cual las personas tienen un sentido desmesurado de su propia importancia, una necesidad profunda de atención excesiva y admiración, y presentan relaciones conflictivas combinadas con una carencia de empatía por los demás. Sin embargo, detrás de la máscara de seguridad extrema que llevan puesta, presentan una autoestima frágil que es sumamente vulnerable a la crítica más leve.

Las personas con el TNP son creadores de caos en muchas áreas de la vida, como en las relaciones, el trabajo, la familia, la escuela o los asuntos económicos. En general, es posible que las personas con Trastorno Narcisista de la Personalidad se sientan infelices y decepcionadas cuando no reciben los favores especiales ni la admiración que creen merecer. Es posible que no se sientan satisfechos con sus relaciones y que otras personas no disfruten de su compañía. El tratamiento del Trastorno Narcisista de la Personalidad se centra en la terapia de conversación (psicoterapia).

El DSM-V define la personalidad narcisista como un patrón dominante de grandeza (en la fantasía o en el comportamiento), caracterizado por una necesidad extrema de admiración, además de una falta de empatía por los demás, y que comienza en las primeras etapas de la vida adulta mediante diversos contextos.

Cabe destacar que, según el psiquiatra Kernberg (1975) la personalidad narcisista se sitúa en un rango que va desde lo «normal» hasta lo «patológico». Por consiguiente, no todas las personas con rasgos narcisistas llegan a padecer un trastorno grave, dependen en gran medida del grado en el que poseen los rasgos. Todos los rasgos de personalidad, incluido el narcisismo, varían de leves a severos. El narcisismo puede verse en un rango que va de maduro a arcaico. Las personas con narcisismo maduro son capaces de idealizar parejas románticas, expresar sus talentos y habilidades, y lograr sus objetivos mientras emplean solo defensas neuróticas; un grupo con narcisismo intermedio muestran límites inestables y emplean defensas borderline; y aquellos altamente sensibles a las heridas narcisistas, emplean defensas psicóticas destructivas y tienen relaciones inestables.

El principal objetivo del narcisista es su propio bienestar. La persona narcisista se caracteriza por sacar provecho de las relaciones interpersonales, es decir, se aprovecha de los demás para sus propios fines sin importarle lo que pueda sentir la otra persona. Su principal objetivo es su propio bienestar y obtener suplemento narcisista (admiración externa).

Así, los demás pasan a ser instrumentos. No les interesa si su *suplemento* (1) está pasando por un mal momento o si necesita su propio espacio, el narcisista solo piensa en satisfacer sus necesidades, aunque eso suponga pasar por alto las necesidades de otra persona.

Los síntomas y signos del Trastorno Narcisista de la Personalidad y la gravedad de estos son variables. Las personas con este trastorno pueden:

- Tener un sentido exagerado de prepotencia.
- Tener un sentido de privilegio y necesitar una admiración excesiva y constante.
- Esperar que se reconozca su superioridad, incluso sin logros que la justifiquen.
- Exagerar los logros y los talentos.
- Estar preocupadas por fantasías acerca del éxito, el poder, la brillantez, la belleza o la pareja perfecta.
- Creer que son superiores y que solo pueden vincularse con personas especiales como ellas.
- Monopolizar las conversaciones y despreciar o mirar con desdén a personas que ellos perciben como inferiores.
- Esperar favores especiales y una conformidad incuestionable con sus expectativas.
- Sacar ventaja de los demás para lograr lo que desean.
- Tener incapacidad o falta de voluntad para reconocer las necesidades y los sentimientos de los demás.
- Envidiar a los otros y creer que los otros los envidian a ellos.
- Comportarse de manera arrogante o altanera, dando la impresión de engreídos, jactanciosos y pretenciosos.
- Insistir en tener lo mejor de todo; por ejemplo, el mejor auto o consultorio, o la mejor pareja.

(1) Suplemento narcisista se refiere a la persona que atrapó el narcisista, para que lo admire e idolatre. (Kernberg, 1975)

Al mismo tiempo, a las personas con Trastorno Narcisista de la Personalidad les cuesta enfrentar cualquier cosa que consideren una crítica y pueden:

- Ser impacientes o enojarse cuando no se les trata de manera especial.
- Tener notables problemas interpersonales y ofenderse con facilidad.
- Reaccionar con ira o desdén y tratar con desprecio a los demás, para dar la impresión de que son superiores.
- Tener dificultad para regular las emociones y la conducta.
- Tener grandes problemas para enfrentar el estrés y adaptarse a los cambios.
- Sentirse deprimidos y temperamentales porque no alcanzan la perfección.
- Tener sentimientos secretos de inseguridad, vergüenza, vulnerabilidad y humillación.

Las personas con trastorno de personalidad narcisista probablemente creen que no tienen ningún problema, por lo tanto, no suelen buscar tratamiento. Si lo hacen, suele ser por síntomas de depresión, uso de alcohol o drogas u otro problema de salud mental. Lo que perciben como insultos a la autoestima podría dificultarles la aceptación y el seguimiento del tratamiento.

El narcisista busca provocar reacciones en los demás. Aunque los narcisistas exhiban esa faceta brillante y encantadora, a menudo es solo cuestión de tiempo para que aparezcan nubarrones. La madre narcisista oscilará entre dos dimensiones: la imagen encantadora y la imagen con tintes obscuros y malévolos.

En otras palabras, el narcisista probablemente mostrará su lado más amable para conseguir su propósito y cuando alguien no se comporte como espera, mostrará su lado menos agradable. Es posible que al conseguir lo que desea de la *víctima*, se torne frío, desinteresado, esquivo, enfadado.

Su cambio de actitud está incentivado en intentar provocar una reacción en ti que provoque la conducta que desea. El narcisista usará una de sus mejores estrategias para obtener lo que desea de su víctima: el *castigo y* la *recompensa*. Por ejemplo, si la víctima del narcisista no cumple con sus expectativas, se tornará distante y castigador. Si su víctima no puede asistir a una reunión organizada por el narcisista, castigará con frialdad esa *falta de respeto*.

Si reconoces aspectos de tu personalidad que corresponden con el trastorno de personalidad narcisista, o si te sientes abrumado por la tristeza, considera la posibilidad de acercarte a un profesional de salud mental o a un médico de confianza. Obtener un tratamiento adecuado puede ayudarte a tener una vida más plena y agradable. Así mismo si detectas estos síntomas en un familiar cercano, te recomiendo acercarte a un profesional de la salud mental para solicitar asesoría.

En el próximo capítulo, abordaremos el trastorno de manera mucho más específica con relación a la madre, ya que, aunque los rasgos generales del TNP en las personas están expuestos en el capítulo anterior y en este, cuando se trata de la madre, los rasgos del TNP presentan comportamientos y situaciones específicas que es importante diferenciar de los que se encuentran en el TNP genérico o en el patriarcal.

Por dar un ejemplo, el TNP en el padre elegirá en su mayoría como hijo de oro o el elegido, a una de sus hijas, siendo que la madre elegirá preferentemente a uno de sus hijos varones como el hijo elegido (el niño de oro) provocando posibles complejos de Elektra y Edipo respectivamente.

De acuerdo con recientes estudios realizados en pacientes con el Trastorno Narcisista de la Personalidad, se ha establecido con cierta certeza, que las personas con este tipo de trastornos presentan una comorbilidad con otro trastorno mental, como trastornos paranoides. Los trastornos narcisistas son los que más presentan comorbilidad con otros desórdenes comórbidos o *"superpuestos"*, como pueden ser: desórdenes alimenticios, ansiedad extrema, uso de sustancias o drogas fuertes, bipolaridad, trastorno depresivo profundo.

Estudios recientes muestran que los pacientes que padecen el trastorno TNP llegan por sí mismos al consultorio buscando ayuda, no para tratar su TNP, sino para tratar los desórdenes mencionados en el párrafo anterior, y es cuando en ese momento, el terapeuta puede detectar un narcisismo comórbido en el paciente.

IV
Madre Tóxica vs Madre con Trastorno Mental

¿Cómo podemos distinguir si una madre es simplemente tóxica, conflictiva, enredosa, difícil, o si realmente presenta una patología o un Trastorno Narcisista de la Personalidad?

Es importantísimo entender la diferencia, ya que cualquier persona puede caer en la tentación de etiquetar a su propia madre si la madre es difícil o incluso si se tiene una relación muy complicada con ella. Los dos siguientes capítulos, te ayudarán a distinguir justamente si tu madre está enferma del TNP o simplemente es una persona tóxica.

Existe en los seres humanos una verdadera inercia para encontrar defectos en los demás, y acusarles de psicópatas o locos extravagantes. Es importante hacer un profundo análisis y una autocrítica antes de saltar a calificar o diagnosticar a alguien sin el debido rigor científico o sin la ayuda de profesionales, pero, sobre todo, es indispensable siempre contar con la asesoría y diagnóstico de un experto en la salud mental.

Sin embargo, muchas veces no requieres ser psicólogo para entender que algo anda mal en el sistema familiar o en el comportamiento de tu propia madre. Para ello, y aunque ya enlistamos en un capítulo anterior los rasgos generales del TNP, a continuación, se enlistan aquellos rasgos que *brincan* como importantes para comenzar a descubrir si existe en tu sistema familiar la posibilidad de encontrar un Trastorno Narcisista de la Personalidad en la madre:

- Comportamiento Abusivo
- Negligencia
- Celos
- Posesividad
- Codependencia
- Falta de Empatía
- Inflexibilidad
- Manipulación
- Imagen Superficial
- Superioridad o Grandilocuencia
- Marginalización de uno o varios hijos
- Tratar de que los deseos de los padres sean ejercidos a través de los hijos
- Anteponer las necesidades personales de los padres ante las necesidades básicas de sus hijos, incluyendo las psico-afectivas

Para entender y detectar a profundidad el trastorno de la madre narcisista, en los siguientes capítulos se enumeran y detallan con más claridad los rasgos presentados en un sistema familiar narcisista matriarcal y los rasgos que en particular la madre presenta en el TNP, tanto de forma encubierta como extrovertida, incluyendo rasgos de narcisismo maligno.

<h1 style="text-align:center">V
¿Cómo detectar si tu sistema familiar es un sistema de abuso y si existe una Hiper-Normalización del abuso? La antesala para detectar a una madre narcisista.</h1>

Abuso es abuso, no importa si proviene del maestro, de un sacerdote, de un médico o incluso de alguno de tus padres. Es tan fácil de entenderlo a simple lectura, pero a la vez tan complejo para un infante, sobre todo si el niño creció en un sistema de abuso. Para un niño que crece en un sistema de abuso será muy complicado detectar a lo largo de su vida otros sistemas de abuso o a perpetradores, ya que en su casa se normalizó el abuso constante, ya sea por los dos padres o por alguno de ellos. El niño no tiene capacidad de discernimiento a temprana edad para diferenciar las familias saludables de las que no lo son. El niño creerá que todas las familias, madres o padres son así, iguales a lo que el niño experimentó y observó en sus primeros años de vida. Aquí recae uno de los peligros de haber crecido en un sistema de abusos hiper-normalizado.

Un problema radical dentro de sistemas familiares con madres narcisistas es la hiper-normalización del abuso, ya que éste, es prácticamente invisible y comienza desde que los hijos son unos infantes. Es primordial e indispensable comprender si el sistema familiar en el que creciste fue un sistema de abuso hiper-normalizado, primero para poder salir de ese sistema abusivo (a pesar de que ya no vivas en él), en segundo lugar, para detectar si tu madre es narcisista, y por último para poder sanar de manera personal.

No se puede comenzar a sanar una herida que constantemente se está abriendo, y es imposible que exista sanación cuando se le permite a alguien que continúe creando heridas, especialmente si es tu madre la que infringe el abuso.

Es importante también entender, que en todos los sistemas en donde existe una madre narcisista con TNP, SIEMPRE existirá un sistema de abuso y opresión.

La madre narcisista es y será en todos los casos, una fuente de abuso hacia el esposo y hacia sus propios hijos. Si no se comprende y se acepta esto, será imposible caminar por el sendero de la sanación personal incluso si la madre narcisista ya falleció. Para sanar, tienes que aceptar ver a tu madre como victimaria y perpetradora del abuso.

Los hijos de un sistema de abuso narcisista matriarcal crecerán con la incapacidad de decir NO ante otros sistemas abusivos en su edad adulta. Es parte de las secuelas de vivir en un sistema narcisista. La madre, que debería ser la fuente de amor incondicional, fue la misma persona que descompuso el compás de la autoestima de los hijos, y bloqueó la capacidad de detectar a otros abusadores.

Si no se acepta ver a la madre como abusadora, difícilmente los hijos de la madre narcisista podrán generar la capacidad para detectar o rechazar el abuso de otras personas. Es muy recurrente y habitual, que los hijos de madres narcisistas se vean involucrados abusivos de todo tipo en su etapa adolescente o adulta. Esto lo trataremos más adelante en el capítulo que habla de las secuelas en los hijos de la madre narcisista.

En un sistema familiar narcisista, uno de los fenómenos más interesantes se refiere a la normalización del abuso, ya sea porque existe una negación rotunda a aceptar que existe el abuso, o por la relativización de éste. Estas dos fuerzas estarán presentes en la hiper-normalización del abuso en un sistema familiar narcisista. Esta normalización se da a través de años de abuso aceptado o relativizado por todos los miembros de la familia, a tal grado, que el abuso no solo es permitido, sino en muchas ocasiones, abiertamente aplaudido.

La hiper-normalización del abuso narcisista sobre los hijos tiene severas consecuencias en el desarrollo de la psique de los hijos. Una de ellas es la incapacidad de percibir el abuso por parte de los demás. A través del adormecimiento paulatino y la aceptación sutil del abuso de la madre sobre los hijos, se pueden adormecer las alertas biológicas que las personas desarrollan de forma natural ante los perpetradores o ante el peligro, por lo que los expertos han detectado que los hijos de madres narcisistas son blancos perfectos de abusadores y de otros psicópatas o sociópatas integrados.

Lo anterior puede estar directamente relacionado con el sistema primitivo simpático que regula las reacciones de "correr o pelear", "luchar o huir".

La reacción de "corre o lucha" (también llamada reacción de lucha, huida o parálisis, hiper-excitación, o respuesta de estrés agudo) es una respuesta fisiológica ante la percepción de daño, ataque o amenaza a la supervivencia. Fue descrita inicialmente por Walter Bradford Cannon (1929) indicando que los animales reaccionan con una descarga general del sistema nervioso simpático, preparándolos para luchar o escapar. Es posible que, al haber recibido un abuso prolongado, permitido por la víctima, pueda anestesiar los procesos primitivos de forma tal, que una de las características de los hijos abusados por madres narcisistas haya bloqueado su capacidad de reaccionar ante un perpetrador, de detectar el abuso, e incluso de detenerlo. Los hijos de la madre narcisista ni huyen de ella, pero tampoco la enfrentan.

Será entonces importantísimo en terapia con los hijos, entender si los procesos primitivos de defensa "correr o pelear" han sido trastocados y es necesario repararlos. En otras palabras, será necesario analizar si los hijos dejaron de reaccionar ante el abuso recibido por parte de abusadores, y si se atrofió su capacidad de detectar al perpetrador.

Si detectas algunos de los siguientes rasgos en tu sistema familiar, quiere decir que te encuentras en un ambiente de abuso normalizado, y es altamente probable que tu sistema sea un sistema familiar narcisista integrado:

- Negligencia de alguno de los padres. Los hermanos toman el papel de padres ante la ausencia de la madre (parentificación). Los hermanos tratarán de justificar a la madre a toda costa.
- Comportamiento Abusivo. El padre ausente, y los hermanos cómplices, podrán desestimar el abuso mediante la relativización de los hechos, e incluso podrán funcionar como distractores o cortinas de humo para disimular que en su sistema no existe abuso. Ante invitados o ante la comunidad en donde se desenvuelve la familia, no se delatará a la madre, por el contrario, se dará la impresión de que, al centro de la familia, la familia es perfecta y ahí *"no pasa nada"*.
- Celos inexplicables. Ante los celos y la rabia inexplicable de la madre sobre sus hijos, los mismos tratarán de encontrar una justificación: *"es que nuestra madre nos quiere mucho"* o, *"por tanto miedo a perdernos, así se comportó nuestra madre, pero hay que aceptarla"*.
- Posesividad enfermiza de tu madre sin que hayas podido rebelarte. Cada vez que alguien se rebela ante el sistema familiar de abuso, el mobbing familiar se encargará de tranquilizarte: *"ya deja eso así..."* o *"no mortifiques a nuestra mamá"*.

- Codependencia con la madre. Ante la incapacidad de algunos de sus hijos de dejar el seno familiar, los hijos de forma paulatina comenzarán a aceptar su papel: "*así nos tocó vivir*", o "*... podría ser peor, hay familias peores*".

- Falta de Empatía por parte de tu madre. No le importan tus proyectos, y ante tal escenario, los hermanos y el padre, paulatinamente dejarán sus proyectos personales para conformarse con el *destino* que les tocó vivir.

- Inflexibilidad. El sistema familiar narcisista se balanceará siempre entre *la espada y la pared*. Por un lado, tendrás una pared en donde recibirás "amor narcisista" si te apegas al sistema, o encontrarás la espada con la que la madre gobierna el sistema.

- Manipulación. Ante la manipulación de la madre, los hijos y el padre poco a poco serán manipulados para que todos piensen de una misma forma: la forma de pensar de la madre. A través de los años, es como observar un sistema en el que todos son autómatas, sin capacidad de pensar diferente a la madre. A este estado, en el que el sistema familiar narcisista llega después de años de manipulación, se le podría llamar un sistema familiar narcisista integrado, es decir, en el cual todos actúan como la madre, piensan como la madre y castigan como la madre.

- Imagen Superficial. Será imposible tener conversaciones profundas y maduras en el sistema familiar narcisista hiper-normalizado o integrado.

- Superioridad o Grandilocuencia. La madre siempre tendrá la razón en el sistema familiar narcisista y lo que diga la madre es ley esculpida en oro. Nadie tiene autoridad sobre la madre.

- Marginalización de uno o varios hijos. Si en tu sistema existe el hermano que ya se fue, autoexiliado o expulsado sin que hubiera una razón justa o entendible, es altamente probable que tu sistema familiar haya creado uno, o varios chivos expiatorios.

- Tratar de que los deseos de los padres sean ejercidos a través de los hijos será lo normal. Esa normalización de las estructuras *boca abajo*, es decir, lo normal es que los padres sirvan a los hijos como proveedores emocionales y no al revés, es resultado de una normalización de una estructura disfuncional y enfermiza. Cuando los hijos están para servir emocionalmente a los padres, se crea una parentificación de los hijos, en donde los roles están cambiados, sin que nadie o casi nadie se rebele ante el sistema, lo que será indicativo de un sistema de abuso hiper-normalizado.

- Anteponer las necesidades personales de los padres ante las necesidades básicas de sus hijos, incluyendo las psico-afectivas. Si en tu sistema familiar existe esta situación, provienes de un sistema de abuso normalizado o integrado. Los padres son los que tienen que anteponer sus necesidades o gustos personales para cubrir las necesidades básicas de sus hijos, y no al revés.

VI
Rasgos del Trastorno Narcisista de la Personalidad Matriarcal y su sistema familiar

La Madre Narcisista o el sistema familiar narcisista presentará la mayoría de las características que se indican en el listado de los 101 rasgos expuestos en este capítulo. Si se presentan solo algunos, no significa que el trastorno no se encuentre presente en tu madre. Se requiere el diagnóstico de un especialista de la salud mental para determinar si una persona presenta un trastorno mental o no.

Existen situaciones en dónde los psicólogos pueden dar un diagnóstico sin haber entrevistado a un paciente o persona y determinar si tiene una alta probabilidad de haber desarrollado un trastorno de la personalidad. Como en la mayoría de los casos de narcisismo, la persona enferma con el TNP no se presentará jamás ante un psicólogo o experto de la salud, debido a que la negación del trastorno es concomitante, entonces es muy común que el diagnóstico de los narcisistas se tenga que realizar sin que el enfermo se encuentre presente en el consultorio.

Las salas de los psicólogos o expertos de la salud mental, como ya se ha mencionado en este libro, están llenas de personas que conviven o que están alrededor del enfermo, pero nunca de los que padecen el trastorno narcisista. Es importante destacar que las herramientas expuestas en este libro, como la siguiente lista de 101 características de TNP Matriarcal, servirán para exponer, detectar, entender, y eventualmente tratar de manejar un posible trastorno narcisista, sin que ello excluya el apoyo de un profesional de la salud mental.

1.	**Las estrategias narcisistas**: En este inciso se incluye una lista de estrategias muy comúnmente utilizadas por la madre. Esta lista de rasgos en la madre y en el sistema familiar narcisista serán muy evidentes cuando se ha estudiado el trastorno y al sistema.

    a. Hoovering
    b. Gaslighting
    c. Victimización
    d. Mentiras
    e. Triangulación
    f. Abuso psicológico
    g. Invalidación constante
    h. Sistema de premios y castigos de todo tipo
    i. La herencia familiar (el testamento)
    j. La dependencia económica y psicológica
    k. Campañas de desprestigio
    l. El chantaje
    m. Love Bombing
    n. Ambiente trágico e infundir miedo en los hijos

2.	**Manipulación oculta**: Manipulará a los hijos de tal forma, que estos acabarán haciendo lo que la madre desea, sin que ellos se percaten que ella fue la causante. En muchas ocasiones los hijos creerán que han sido capaces de tomar una decisión por sí mismos sin haber consultado a la madre, y sin advertir que la madre manipuló la situación de tal manera que se terminó haciendo lo que ella deseaba en realidad. La madre narcisista podrá incluso de manera secreta, contactar a las amistades de sus hijos para lograr sus objetivos, sin que estos se enteren que la madre operó a sus espaldas.

3.   **Los hijos son una extensión de la identidad de la madre**: Los hijos sometidos por la madre narcisista carecerán de una identidad completamente propia, y serán en la mayoría de los casos, un reflejo de lo que la madre narcisista desea que ellos sean. Los hijos son un espejo constante en el que la madre narcisista se refleja tal y como lo haría narciso en la mitología griega. Los narcisistas carecen de una personalidad interiorizada, y requieren el exterior para poderse ver reflejados. En este caso, los hijos serán ese espejo en el que la madre narcisista vea su imagen.

4.   **Cuida de su reputación a toda costa**: Para la madre narcisista el *"qué dirán"* es sumamente importante. Sus hijos no pueden cometer errores dentro de la sociedad (misma que para la madre narcisista es muy importante) y cuidará todos los detalles de su imagen. Cuando los hijos crecen, la madre narcisista se tornará altamente controladora y sometedora con el propósito de no permitir que se cometa ningún error ante la sociedad por parte de los hijos, y que atente contra la imagen de madre perfecta. Si los hijos fallan, la madre narcisista sentirá que falló ya que ellos son la proyección de su propia personalidad. Las madres narcisistas son muy populares y buscarán el prestigio personal dentro de su comunidad o ciudad.

5.   **Triangulación**: En un sistema narcisista, se vivirá siempre entre malentendidos y rencillas entre hermanos y miembros de la familia, ya que, de manera muy astuta, la madre narcisista logrará que los hijos se contrapunteen entre sí para controlarlos más fácilmente. La madre narcisista siempre deseará tener a sus hijos "juntos" pero no "unidos". Respecto a las parejas de sus hijos, en el fondo, las desprecia a todas, pero en raras

ocasiones buscará hacer de las parejas de sus hijos, los mejores aliados para sabotear al hijo. Si detecta en sus hijos un problema de pareja presente en la relación, buscará triangular información y dará la razón a la pareja si esto le conviene.

6. **Creación de conflictos dirigidos**: Cuando la madre narcisista así lo determine, creará conflictos inventados con el único propósito de controlar la situación y a las personas a su alrededor.

7. **Dividir a los demás miembros de la familia, contrapunteándolos entre sí**: La madre narcisista logrará que algunos parientes entren al sistema de rencillas y conflictos que no tienen fundamento.

8. **Conflicto entre hermanos**: La madre saboteará la relación entre hermanos de manera constante, buscando el caos y la confrontación sutil detrás de ellos, con el único propósito de que no puedan comunicarse o confabular en su contra. Hará todo lo posible por dividir, confundir, contrapuntear y crear chismes para lograr que el caos reine, antes que la comunicación entre hermanos se dé de manera efectiva. Entre más comunicación efectiva entre hermanos se logre, más probabilidad de que el sistema sea descubierto por los hijos.

9. **Maestra del Bullying y la confrontación**: La madre narcisista creará bullying y se burlará de los puntos más débiles de sus hijos de manera sistémica, y además logrará que los demás miembros participen en el bullying dirigido al chivo expiatorio, o hacia cualquier miembro de la familia que sospeche de la patología de la madre narcisista. Será muy común ver cómo la madre narcisista comenzará campañas de bullying hacia miembros que representan un peligro contra su sistema de dominio, aleccionando a todos los miembros de la familia acerca de cómo esa persona-amenaza deberá ser bloqueada. Puede ser un

pariente, un amigo de sus hijos, algún profesor o maestro o incluso hasta el sacerdote amigo de la familia. Estas acciones son muy características de la madre narcisista, y es común ver cómo una persona cercana a ella o a la familia, pasa de ser una bendición para la familia, a ser el villano de la película. Convencerá incluso a los demás para bloquear a esa persona para que no se acerque más al sistema.

10.   **Sufre un enorme vacío de empatía por las necesidades primordiales psicoemocionales de sus hijos**: La madre no podrá anteponer necesidades psicoemocionales de sus hijos antes que los de ella. Esa *dislexia-empática* provocará que la madre no pueda renunciarse a sí misma o sacrificarse ante las necesidades afectivas que requieren sus hijos, y si llega a hacer algo por ellos, será dentro del juego de recompensa-castigo creado entre la madre y el hijo.

11.   **Juegos mentales**: La madre narcisista creará de manera constante juegos mentales, dirigidos o encubiertos. De manera a veces inadvertida, podrá generar situaciones en dónde logre que los hijos se sientan culpables por no haber atendido a una llamada, o por no haberla invitado a una reunión, a pesar de que sí fue invitada, logrará hacer dudar a los hijos si realmente sucedió como ella lo describe. Es una forma de gaslighting que se tratará más adelante.

12.   **Genera una imagen de madre perfecta a través de sus hijos**: La madre narcisista tratará de vivir su vida a través de la proyección en sus hijos. Además, sus hijos serán utilizados para crear una imagen de madre perfecta en una familia perfecta. La familia de la madre narcisista será una familia perfecta al exterior, y profundamente dañada al interior. Es muy usual encontrar a sistemas familiares de madres narcisistas en las que se ha creado un universo paralelo, una realidad alterna, en la que el mismo sistema logra que sus miembros se crean el guion artificial que fue creado para cada uno de ellos a base de repetición,

mostrando una familia sin problemas aparentes al interior. Es como representar una obra teatral en la que los hijos no se dan cuenta que son meros actores de una patología. Será como entrar a un teatro en donde todos juegan un papel específico con un guion actuado una y otra vez. Si bien no existen familias perfectas o cien por ciento funcionales, al interior de la familia de la madre narcisista se esconde una familia completamente trastornada en su sistema interno, lleno de abuso encubierto, mentiras repetidas hasta ser convertidas en verdad, y verdades a medias disfrazadas de realidad absoluta.

13.   **Incapacidad de nutrir con amor a sus hijos**: La madre narcisista es incapaz de proporcionar amor incondicional. El amor a sus hijos es condicionado y, por lo tanto, provocará en los hijos un profundo vacío interior que se reflejará en la edad adulta. La madre narcisista, así como todos los narcisistas, lograrán imponer sus necesidades personales antes que las de sus propios hijos. En algunos casos, las necesidades primarias de sus hijos no serán suplidas, que darán como resultado el grado más alto de narcisismo perverso, mismo que se tiene que denunciar ante las autoridades por abuso infantil en esos casos extremos.

14.   **Carácter de hierro**: La madre narcisista se presentará con una personalidad dominante, territorial y demandante ante los demás. Muchas veces, dentro del sistema familiar narcisista reinará el terror, en algunas otras reinará el drama continuo, y otras veces una implacable frialdad. Su reino será un mundo bizarro del que pocos podrán salir sin apoyo emocional suficiente. El hogar será el de la familia perfecta hacia afuera, pero al interior del hogar, será un manicomio disfrazado, en donde el abuso psicológico es el pan de cada día. Los miembros de la familia serán incapaces de enfrentarla, y logrará muchas veces que el esposo sirva de apoyo del abuso y el dominio sobre los hijos.

15. **Proyecta la imagen de familia y madre perfecta**: Las fiestas y reuniones familiares serán el escenario perfecto para demostrar lo grandioso que es la madre narcisista. Su hogar es su reino, y su esposo y sus hijos son sus súbditos. Las reuniones familiares serán la oportunidad de mostrar lo ensayado por la familia perfecta.

16. **El comportamiento de los hijos debe reflejar a toda costa la imagen y reputación pública de la madre**: En sociedades pequeñas, la importancia de la imagen de la madre narcisista será de gran relevancia. Dependiendo del tipo de madre narcisista, esta podrá ser overt, covert, grandilocuente, etc., y así será la personalidad que la madre narcisista adopte dentro de la comunidad. Es posible que la madre narcisista adopte diferentes personalidades para diferentes tipos de comunidades, mostrando una cara para cada ocasión.

17. **Secrecía**: La dinámica familiar dominada por una madre narcisista siempre será disfuncional, llena de secretos, disputas, odios poco entendibles, resentimientos palpables y conflictos prolongados, muchas veces sin explicación o causa aparente. Sus acciones son auto justificadas. Uno de los rasgos de la patología es que la madre no muestra tener resentimientos por el caos creado dentro de la familia. Todo será culpa de los demás. La secrecía será un componente indispensable para la triangulación entre hermanos.

18. **Muestra aires de grandeza, invencibilidad y arrogancia**: Estas características serán muy importantes para la madre narcisista, ya que serán el andamiaje por medio del cual podrá desarrollar su trastorno y serán herramientas para obtener el suministro narcisista que requiere para regularse. La madre narcisista requiere ser admirada para poder compensar la imagen interior dañada que padece.

19.	**La madre narcisista dentro de su psique está en constante competencia con sus hijos y envidia sus logros personales**: Si alguno de sus hijos obtiene éxitos fuera del sistema, la madre narcisista desaprobará los mismos. Solo los éxitos provocados y entregados en bandeja de plata por la madre a sus hijos serán reconocidos y aplaudidos. Los logros personales de los hijos obtenidos sin el apoyo de la madre serán tomados por ella como una competencia y afrenta personal. Recordemos que la madre narcisista tiene un sistema de recompensa y castigo emocional, y si ella no fue la que provocó el éxito de sus hijos en tal o cual situación, lo descalificará y tratará incluso de sabotearlo. Para la madre narcisista cualquier caso de éxito fuera del sistema, es una amenaza, pues solo se triunfa si se pertenece al sistema. Si alguno de los hijos logra *escapar* y tener éxito, este nunca será reconocido por haber deshonrado al sistema. Reconocer el éxito del hijo que *escapó*, representaría una invitación a los demás miembros de la familia a buscar el éxito fuera del sistema, lo cual, no está permitido. Los logros de la madre narcisista estarán siempre por encima de los logros de sus hijos.

20.	**Sobrepone sus necesidades narcisistas ante las necesidades básicas de sus hijos**: Los hijos tienen necesidades básicas desde muy pequeños, y no estamos hablando solo de vestido, comida y sustento, sino de las necesidades afectivas de los hijos, que lograrán un sistema de apegos saludable en las diferentes etapas de crecimiento, hasta llegar a la etapa adulta. Al no ser suplidos con afecto y amor incondicional en la infancia, los hijos crecen con enormes trastornos de apego que se reflejarán en la etapa adulta, enrolándose con amistades y relaciones tóxicas y disfuncionales, por mencionar algunos traumas y carencias que ello genera.

21.	**Elige a los hijos con más débil personalidad como blancos de su narcisismo**: A diferencia de lo que se pudiera pensar a primera vista, la madre narcisista elegirá al eslabón más débil para moldearlo como el hijo de oro, el que la acompañará por el resto de su vida. Por el contrario, elegirá al eslabón más fuerte como el chivo expiatorio, la oveja negra, el basurero emocional del sistema para quebrarlo psicológica y emocionalmente, con el objetivo de someterlo y que no se rebele contra el sistema.

22.   **Sabotea todo lo que represente alegría, bienestar y éxito para sus hijos que no venga a través de la madre**: Si los logros o acciones de sus hijos no están acorde a sus ideas, la madre narcisista criticará de manera constante todo lo que ve como amenaza, aunque vaya en detrimento de la autoestima de sus hijos, y pondrá estándares elevados casi imposibles de cumplir con el propósito principal de mantener a sus hijos psicológicamente atados a su regazo.

23.   **Creará conflicto y caos**: La madre narcisista es la reina del caos. El conflicto es su especialidad, y el caos su deporte. La madre narcisista dirigirá ataques perfectamente planeados hacia los puntos más vulnerables de la personalidad de cada uno de sus hijos. La madre narcisista aprende desde que sus hijos son muy pequeños, al igual que todas las madres, a detectar cuáles son los puntos más vulnerables de la personalidad de éstos, lo que utilizará a su favor para atacarlos a su conveniencia. La familia de la madre narcisista es aquella en la cual los problemas "no se resuelven", se perpetúan. Perdurará el rencor de problemas pasados que solo la madre recordará, aunque dichos problemas hayan sido resueltos años atrás. En los días más importantes de los hijos como bodas, aniversarios o reuniones familiares, siempre existirá el drama innecesario provocado por la madre, justo lo que requiere para arruinar casi todas las reuniones familiares, ya sea, antes, durante o después de la reunión o evento.

24.   **Intimidad**: No es capaz de intimar con sus hijos o esposo. La mayoría de su admiración estará dirigida al hijo de oro. La madre narcisista no expresará en público el amor hacia su

pareja en ninguna circunstancia, por el contrario, su esposo o pareja servirán de tapete emocional para lograr que su imagen de invencible prevalezca. No se mostrará afectiva ante sus hijos o esposo pues eso demostraría debilidad ante los demás. Recordemos que el amor de la madre hacia su esposo o hijos es condicional. Respecto a una plática íntima con sus hijos, jamás la tendrá, y si se presenta, será solo para sacar información y lograr que los hijos o el esposo bajen la guardia y después utilizar esa información en su contra.

25.   **Elogios**: En algunas ocasiones brindará elogios a otros de sus hijos para enaltecer la figura perfecta de madre o simplemente para manipular sus emociones y afectos.

26.   **Huelen las posibles amenazas al sistema a kilómetros de distancia**: Cuando la madre narcisista reconoce que alguno de sus hijos está comenzando a descubrir que algo no anda bien, "el despertar" de alguno de sus hijos, comenzará a alinear a los otros miembros de la familia en contra de ese hijo mediante bullying y otras estrategias. La madre tratará de controlar al hijo delator con mano de hierro con tal de encubrir su personalidad delirante y grandiosa. Las parejas de sus hijos serán una amenaza inminente, por lo que tratará de obtener la mayor cantidad posible de información acerca de las mismas, y poder determinar si representan una amenaza al sistema o a los intereses narcisistas de la madre. La mayoría de las parejas de sus hijos serán una amenaza inminente. Los amigos de sus hijos serán también una amenaza y un riesgo enorme por lo que logrará crear un filtro ante cualquier amistad que represente una amenaza al sistema.

27.   **Competencia intelectual y económica**: Peleará a toda costa que ella está en lo correcto y tratará de quebrar psicológicamente a todo aquel que se le ponga enfrente, incluso si éste es su hijo. En la parte económica, la madre narcisista competirá enormemente con sus hijos y con su esposo,

demostrando a toda costa que ella, la madre narcisista está arriba en la pirámide económica de la familia.

28. **Consciencia**: No presentará ningún remordimiento en anteponer cualquier necesidad personal, antes que la de sus hijos. Este es un punto de gran debate. ¿La madre narcisista tiene consciencia de sus actos? La respuesta desgraciadamente es: sí. La explicación a esto es que a menos que la madre narcisista sea una psicópata de nacimiento en donde no distinga el bien del mal, la madre narcisista es la sociópata integrada perfecta, es decir, que sabe distinguir perfectamente entre el bien y el mal, lo correcto de lo incorrecto, pero simplemente no le importa. La personalidad de la madre narcisista poco empática antepone primero sus intereses emocionales antes que los de sus hijos, y aunque vea que sus acciones hacen daño y producen dolor en sus hijos, ello queda en un segundo plano.

29. **Chantajes emocionales**: Acusará a todos sus hijos de ser inconsiderados y egoístas. La madre narcisista es una maestra de la manipulación y logrará casi todos sus cometidos mediante la manipulación y el chantaje emocional, al cual, casi todos los miembros cederán por miedo, comodidad o amor enfermizo hacia la madre.

30. **Mostrará que es brillante e infalible**: Sus pláticas serán siempre acerca de ella misma, de sus logros y sus éxitos, y, en consecuencia, las demás personas son tontas, estúpidas y enfermas.

31. **Madre Narcisista Somática**: Si la madre es somática, usará su sexualidad para intimidar, convencer, manipular y atraer la atención de los demás. Presumirá su imagen sexual o elegante y de manera constante mencionará a todos los pretendientes de su juventud. No incluirá a su esposo, a quién ve como un mal necesario. No significa que, en todos los casos, la

madre narcisista somática sea promiscua, sino que mostrará su encanto particular y guapeza para cautivar y seducir a los demás.

32.	**Esposo**: Mencionará en muchas ocasiones que su esposo no fue su primera opción, es más, presumirá que tenía otras mejores opciones, ya sea de manera sutil o abierta, por lo que ha tenido que tolerar a su esposo y aguantarlo todos estos años.

33.	**Humillación del esposo**: No pone ninguna resistencia para humillar a su leal esposo en público en todas las ocasiones posibles, quien no tiene ni voz ni voto ante los demás.

34.	**Esposo como segunda opción**: De manera usual, la madre narcisista comentará ante los demás de una manera muy sentida, cómo el inútil de su esposo ha sido una carga para ella, y que su vida hubiera sido mucho mejor si se hubiera casado con su primera opción. Es una oportunidad más para que el público crédulo se compadezca de ella, pues sus sufrimientos en gran parte se deben a su débil esposo.

35.	**Esposo como un lastre**: Mencionará que, a pesar de que su esposo que nunca la ha ayudado a progresar, ella ha salido adelante y sin ella la familia y los hijos no habrían tenido lo que tienen, creando sentimientos de culpabilidad y deuda emocional en los hijos desde muy temprana edad.

36.	**Merecedora de todo**: En inglés, se conoce a este rasgo como *entitlement*, que no es otra cosa que creerse merecedor de todo y de todos; la mejor mesa, el mejor trato, el mejor auto, el respeto absoluto, y merece ser tratada como lo que es: "una Reyna".

37.	**Remordimiento o vergüenza**: La madre narcisista no siente vergüenza por ser el centro de atención, por el contrario, recibe con gran júbilo la adulación del público ante las proezas realizadas por ella, detallándolas con exagerados detalles que la muestran como una madre exitosa. Sus historias serán contadas de manera constante y repetitiva cada vez que tiene una audiencia. Solo sentirá pena cuando detecte que su imagen ha sido afectada. Cuando la imagen de la madre narcisista se ve afectada, esta podría mostrar remordimiento o vergüenza (ficticia) a los demás, de lo contrario, no tendrá ningún remordimiento por haber afectado o humillado a los demás. No presentan capacidad de interiorización empática por los demás.

38.   **Extrovertida**: Si es una madre somática, utilizará la ropa de su hija, saldrá con los amigos de sus hijas o hijos, e incluso coqueteará con ellos.

39.   **Madre narcisista encubierta**: Si es una madre narcisista encubierta, será envidiosa de su propia hija, limitando el préstamo de su vestuario o sus joyas, pues no es digna de ello. Su relación será de una hija que nunca estuvo al nivel de los estándares de la madre, lo que provocará en la hija una autoestima baja y una incapacidad para entender por qué su madre no la amó incondicionalmente.

40.   **Humillación de los hijos en público**: No limitará ninguna actitud pública ante los demás, incluso si ello provoca sentimientos de vergüenza en sus hijos por sus actitudes.

41.   **Luz de la calle**: La madre narcisista es luz de la calle y obscuridad de su casa. Sabe perfectamente con quién mostrar una faceta y con quién no. Al exterior, la madre fabricará una imagen de una persona dadivosa y compasiva, ayudando incluso económicamente a muchas personas en la comunidad, por lo que, al ser muy popular, no creerán que ella sea una madre egoísta o narcisista, lo que servirá de coraza ante la crítica de los hijos que salieron del sistema narcisista. La opinión de los hijos chivos expiatorios será desestimada y criticada, y prevalecerá

como una mentira absoluta ante los demás. La madre derramará una opinión negativa sobre la imagen del hijo o los hijos chivos expiatorios que la critiquen.

42.   **Extrovertida**: La madre narcisista es llamativa, exagerada y ruidosa.

43.   **Crítica**: La madre narcisista es altamente crítica. Esta será una de sus armas predilectas. La crítica hacia los demás será constante, humillante y muchas veces encarnizada. Será usada contra todos y contra todo de manera vil. La crítica de la madre narcisista vertida sobre sus hijos será constante y evidente, siendo un rasgo predominante en ellas.

44.   **Sadismo y Tragedia**: La madre disfrutará incluso si el chivo expiatorio tiene fracasos, problemas con otras personas, y eventos trágicos, mencionando a los demás que ese hijo se lo merece por ser un hijo *desobediente*. Es parte de los rasgos presentados por la triada obscura de la madre narcisista. La madre podrá muchas veces disfrutar de forma extraña las tragedias ocurridas en los hijos.

45.   **Tolerancia a la Crítica**: No tolerará ser contradicha, cuestionada, o si su autoridad es desafiada.

46.   **Envidia por los logros de otras madres narcisistas**: Se mostrará envidiosa de los logros de madres que no son narcisistas y que tienen una relación saludable con sus propios hijos, calificándolas de estúpidas y frívolas.

47.   **Frialdad**: Se limitará a dar muestras de afecto, y si llegan a darse, estas serán huecas o superficiales. Su interacción con los demás no será cálida, sino una relación superficial *"shallow"*.

48. **Amor percibido en los hijos**: Como consecuencia, los hijos de las madres narcisistas crecen sintiéndose poco amados, que merecen poco, con una necesidad enorme de afecto, abandonados, ignorados, abusados y criticados.

49. **Secuelas en los hijos**: Los hijos de las madres narcisistas pueden desarrollar el Síndrome de Estrés Post Traumático Complejo caracterizado por miedo o agresividad ante los demás. Los hijos con este síndrome desconfían de los demás, y pueden desarrollar inseguridades crónicas con una imagen deformada de sí mismos generando una personalidad completamente complaciente y servicial ante los demás.

50. **Golden Boy**: El niño de oro o el elegido por la madre, crecerá mimado, inseguro ante la vida, en zonas de confort, desconfiando del amor que los demás le otorgan ya que la madre no lo amó por lo que él es, sino por lo que él se convirtió al ser moldeado por la madre. El niño de oro no tiene una imagen real de sí mismo, y su personalidad muchas veces puede ser infantil en caso de que él mismo haya tomado el rol de bufón del sistema narcisista, el gran entretenedor de la madre.

51. **Rasgos infantiles en el Golden Boy**: Debido a que el niño de oro no tiene una personalidad propia, se crea una disociación cognitiva entre el comportamiento del hijo adulto vs las actitudes infantiles que muestra ante la madre y ante ciertas audiencias.

52. **Personalidad propia**: Con el niño de oro, muchas líneas son cruzadas y la falta de respeto hacia el hijo es enormemente visible, violando su personalidad y vida personal. Al violar el natural desarrollo de la personalidad del hijo de oro, se crea una profunda confusión dentro de él, lo que provoca una extraña relación Padre-Madre-Hijo de Oro. Impedirá la individualización de la personalidad de sus hijos.

53.   **Extensiones de la madre narcisista**: La madre utilizará al niño de oro para mostrar el grandioso reflejo de ella misma. Los hijos son una extensión de la personalidad narcisista de su madre, por lo que, desde muy pequeños, los hijos serán moldeados de acuerdo con las expectativas de ella.

54.   **Castración**: La amputación de la personalidad del niño de oro es evidente ante los demás, pero no puede ser vista dentro del sistema. El rol del niño de oro está perfectamente creado para servir a la madre.

55.   **Chantajes o *Guiltrips***: La madre narcisista utilizará el chantaje emocional y la culpa para manipular a sus hijos.

56.   **Traición al sistema**: Tratará de manera constante de acusar a sus hijos de insensibles, traidores y mal agradecidos por haber buscado sus propios intereses o por haber dejado a los padres en el hogar. Nunca podrá aceptar que sus hijos hayan desarrollado su propia historia personal fuera del *nido narcisista* y convertirá a los hijos que lo intenten, en los chivos expiatorios, en el basurero emocional de la familia entera.

57.   **Suministro narcisista**: Los hijos son una fuente de suministro narcisista (los facilitadores de la droga narcisista).

58.   **Vacío emocional**: Los hijos crecerán con una necesidad enorme de afección física y emocional, lo que puede hacer que los hijos se vuelvan blancos vulnerables y presas de caza en el mundo real.

59.   **Búsqueda de atención constante**: Las madres narcisistas demandarán lealtad, respeto y atención a toda costa.

60.		**Respeto a la madre**: Acusarán a sus hijos de falta de respeto durante toda su vida. El estar en desacuerdo u opinar de manera contraria será equivalente a ser un hijo irrespetuoso e ingrato.

61.		**Empatía por los gustos de los demás**: Los gustos y preferencias de la madre narcisista siempre estarán antes que las de sus hijos. SIEMPRE.

62.		**Aprobación de los hijos**: Provocarán en sus hijos constantes sentimientos de culpa y buscarán siempre la aprobación de la madre, incluso en la etapa adulta.

63.		**Dominantes, cerradas e incongruentes**: No aceptará ningún otro tipo de punto de vista que no sea el suyo. Son sumamente incongruentes con lo que dicen y lo que hacen.

64.		**Relaciones personales de los hijos**: Cuestionará siempre a las parejas de sus hijos, e incluso las insultará cada vez que puede. Investigará acerca de las parejas de sus hijos, y casi siempre la información que la madre encontrará será usada para denigrar y descalificar a las parejas, inculcando miedo y terror en sus hijos. Mentirá acerca de la imagen de las parejas de sus hijos si lo cree conveniente. Los insultos pueden ir desde acusarles de drogadicción, prostitución, etc., hasta sangre *defectuosa congénita* que corre en la familia de sus parejas, intimidando y saboteando las relaciones de sus hijos.

65.		**Autocrítica y Furia desmedida**: No tolerará crítica alguna, ya sea real o percibida. Al ser confrontada y sentirse acorralada reaccionará con una furia desmedida e intimidatoria.

66.		**Dogmas**: Es extremadamente dogmática y usará muchas veces a la religión como parte de su sistema de control.

67.   **Miedo a opinar**: Como es altamente reactiva ante la crítica, las personas a su alrededor crecerán con miedo de dar su opinión, por lo que los hijos desarrollarán personalidades disminuidas, poco asertivas y con miedo a opinar, incluyendo al esposo que no tiene ni voz ni voto.

68.   **Dependencia económica y emocional**: Creará lazos dependientes, ya sean económicos o emocionales. Dos de las más poderosas y frecuentes herramientas que las madres narcisistas emplearán para dominar las vidas de sus hijos serán la dependencia económica y la emocional. Tratarán de crear una dependencia económica para que ella sea la que otorgue o niegue el apoyo económico que muchas veces sus hijos requerirán. Debido a que la madre ha saboteado psicológica o directamente el éxito de sus hijos, estos se mostrarán muchas veces como dependientes económicos de la madre, lo que usará completamente a su favor para manipular a sus hijos de manera cotidiana, e incluso de por vida. Por otra parte, el sistema de castigo/recompensa utilizado por la madre desde que sus hijos eran infantes, provocará una dependencia emocional y psicológica mediante la cual los hijos buscarán la aprobación de la madre de manera constante, mientras ellos sigan siendo parte del sistema narcisista.

69.   **Del sistema no se sale, se escapa**: La madre narcisista intencionalmente impedirá o saboteará cualquier forma de escape del sistema. No permitirá que nadie salga "limpio" del sistema familiar, provocando que la salida del chivo o los chivos expiatorios de la familia se encuentren rodeados de drama y caos, incapaz de crear una despedida saludable por un proceso de emancipación natural de los hijos.

70.   **Problemas sin peso o causa específica**: La madre será la fuerza y fuente indetectable de todos los problemas y caos familiar, y será sumamente hábil para que no sea detectada como la

fuente de la mayoría, sino es que de todos los conflictos entre hermanos.

71.   **Sentido del humor**: Como no tienen sentido del humor, cualquier muestra de sarcasmo saludable o chiste, será catalogado como estúpido. Solo la madre narcisista o el hijo bufón son los simpáticos de la familia; el humor de los demás, es no solo estúpido sino infantil.

72.   **Hoovering**: Creará sistemas de succión o atracción cada vez que sus hijos se escapen o salgan de su sistema narcisista. Mediante métodos muy encubiertos, que pueden ir desde llamadas constantes, hasta la creación de escenarios de emergencia que obliguen a los hijos a correr a su lado, logrará que los hijos se acerquen cuando ella así lo decida, al sistema matriarcal.

73.   **Exilio**: Si alguno de sus hijos logra independizarse y salir del sistema de influencia, pagará el precio toda su vida con el exilio y la deshonra. Intimidará a los demás miembros de la familia para que estos le cierren las puertas al Chivo Expiatorio, tanto físicas como emocionales.

74.   **El precio de la traición**: Informará a tantos como pueda de la malvada y perversa personalidad del hijo "escapado" o chivo expiatorio. La madre narcisista mostrará a los demás el precio que pagan los que escapan del sistema.

75.   **Información confidencial**: Muchas veces comparten información que incomoda a los demás hijos o que es confidencial. Es parte de las herramientas de control, al discutir incluso detalles íntimos de sus hijos.

76.   **Esposo suplente**: De manera usual, elegirán a uno de sus hijos para ser el esposo suplente, quién tomará poco a poco

los roles de su padre, por lo que se convierte en una relación de hijo-esposo, y que por lo general es el hijo de oro.

77. ***Master Puppeteer***: Visto desde afuera, la madre narcisista es la titiritera y sus hijos son sus títeres, a quienes controla con hilos emocionales de manera sistémica y extremadamente sutil.

78. **Hilos psicológicos de la *Master Puppeteer***: Estos hilos se sentirán en la mayoría de sus hijos cuando estos tengan que tomar decisiones como adultos, lo que muchas veces es imposible para algunos de sus hijos.

79. **El matriarcado como abuela**: Cuando la madre narcisista se convierte en abuela, el sistema se perpetúa, continuando el abuso con la tercera generación. Al convertirse en abuela, su fuerza como matriarca del sistema se refuerza, y pasa a ser una fuerza brutalmente implacable y calculadora. Ahora, tendrá más embajadores (changos voladores) con los que podrá trabajar sus acciones manipuladoras.

80. **Fobias en los hijos**: Los hijos pueden crear algún tipo de fobia a las llamadas de teléfono de la madre narcisista. Una llamada será suficiente para arruinarle el día a sus hijos, incluso si estos deciden no responder la llamada. Este estrés en los hijos será común, sobre todo en procesos de hoovering.

81. **Límites**: Llamará a cualquier hora, sin respetar horarios, he incluso llegará a la casa de sus hijos sin previo aviso. Las madres narcisistas no tienen límites y nunca aceptarán que les impongan límites.

82. **Retórica de miedo y catástrofes**: La madre narcisista llamará a sus hijos para inundarles de historias catastróficas y convencerlos de que el mundo es malo, peligroso y

trágico. Describirán catástrofes e infundirán miedo para poder controlar la mente de los demás, promoviendo mitos e ideologías dogmáticas para poder controlar a sus hijos a través de estas herramientas. Es posible que los hijos de la madre narcisista puedan desarrollar rasgos paranoicos o esquizoides.

83.   **Privacidad**: Una conversación con una madre narcisista se puede sentir como una invasión a la privacidad y el espacio psicológico de los hijos. Espera ser informada de forma detallada acerca de la vida de sus hijos, misma información que usará en contra de estos en el momento que ella así lo crea conveniente.

84.   **Victimización constante**: Se quejará todo el tiempo de las acciones de todos los miembros de la familia y se presentará como la mártir de todos y cada uno de sus hijos que la han hecho sufrir toda la vida. Son hipersensibles ante cualquier falta de respeto, ya sea real o imaginaria.

85.   **Triangulación y gaslighting**: Creará redes de chismes, triangulación y gaslighting (acciones manipuladoras y perversas para confundir, causar inseguridades y nublar tu criterio).

86.   **Campaña de Desprestigio**: Inician campañas de desprestigio para disminuir el peso de la crítica de aquellos que lograron huir del sistema. Si eres el chivo expiatorio, o el rebelde del sistema narcisista, tratará de desprestigiarte, humillarte y ensuciar tu imagen. De hecho, tratará de sabotear al chivo expiatorio para que no triunfe fuera del sistema familiar narcisista.

87.   **Información privilegiada**: Espera conocer todo acerca de tu vida íntima o privada, y se las arregla para indagar detalles específicos de tu vida.

88.   **Centro de inteligencia**: Acumulan información mediante métodos inteligentes de interrogación para poderla usar después en tu contra. El hogar de la madre narcisista parecerá algunas veces más que un hogar, un bunker de información y espionaje.

89.   **Vengativa y rencorosa**: Buscará de muchas formas la manera de vengarse, ya sea de forma encubierta o tras bambalinas. Guardará rencores por acciones reales o ficticias toda su vida.

90.   **Sistema Castigo-Recompensa (Punishment-Reward)**: El amor de una madre narcisista es condicional, no es un amor de madre nutrimental o incondicional. Está basado en un sistema de recompensas y castigos. Si complaces sus demandas, tendrás el amor que ella decidirá darte en ciertos momentos. Los castigos podrán ir desde silencios o distanciamientos, hasta insultos y amenazas. La madre narcisista buscará castigar a sus hijos a través de los nietos, al no acudir a los festejos de bautizos, primeras comuniones o incluso a las bodas o reuniones importantes. Elegirá de forma "discrecional y al azar" a cuáles eventos acudirá, o para cuál de los hijos o nietos estará disponible.

91.   **Sequía emocional**: El retiro de su amor o atención emocional es una táctica usada, sobre todo con los hijos que no han salido totalmente del sistema y que gravitan de manera continua alrededor del sistema.

92.   **Herencias**: La economía es usualmente una poderosa herramienta de manipulación que usará implacablemente. Cuando existe la posibilidad de una herencia, esta será utilizada toda su vida para crear un chantaje económico y controlar a sus hijos y la lealtad al sistema.

93.   **Deuda a la madre**: Ante la ayuda económica otorgada a los hijos, de manera sutil o abierta, les hará sentir en deuda toda su vida, aunque en el momento de la ayuda se mostró sin intensión o búsqueda de retribución a cambio. Poco a poco, llega a poseerte económicamente y los hijos estarán en deuda de por vida. Permanecer en el sistema es el equivalente a firmar un cheque emocional en blanco.

94.   **Imanes de narcisistas**: Es muy probable que los hijos se conviertan en imanes de abuso y de ciclos de autosabotaje continuo. Los hijos generan autoestimas bajas o desconfianza crónica ante los demás. Los hijos pueden darse cuenta del abuso patológico décadas después, lo que provocará que el hijo adulto se encuentre perdido y con un nivel de frustración muy alto.

95.   **Relaciones sentimentales de los hijos**: Debido a que el lazo entre la madre narcisista y sus hijos no fue un lazo familiar saludable, los hijos en la mayoría de los casos presentan una incapacidad de crear lazos saludables con sus parejas o incluso la inhabilidad de poder encontrar una pareja saludable durante toda su vida.

96.   **Resolver el día a día**: La estructura mental y cerebral de los hijos de la madre narcisista es afectada de manera brutal, lo que puede inhabilitarlos para entender problemas cotidianos o situaciones complejas de la vida diaria adulta. Requerirán cotidianamente que la madre, o alguien más, les indique qué hacer.

97.   **Procesos de aprendizaje**: Puede impactar la habilidad de aprendizaje en los hijos y sus procesos cognitivos.

98.   **Parejas abusivas en los hijos:** Es altamente probable que los hijos de la madre narcisista atraerán a parejas abusivas.

99.	**La victimización y mitomanía**: El trauma de abuso en los hijos queda imbuido en sus conexiones cerebrales, creando situaciones que oscilan entre la victimización personal o convertirse en victimarios. Para victimarse, la madre cae en constantes incongruencias e inconsistencias pues es compulsivamente mentirosa, y que, cuando es descubierta, utilizará la técnica de la victimización.

100.	PTSDC: Post Traumatic Syndrome Disorder Complex. Una de las secuelas en los hijos es la presencia del Síndrome de Estrés Post Traumático **Complejo**. En un capítulo posterior se abordará el tema del PTSDC.

101.	**Invalidación Profundo y frases de chantaje y deudas emocionales**: Mediante el método de invalidación concomitante con el bullying, mobbing familiar y el gaslighting; la madre, como ya se mencionó anteriormente, invalidará los logros de los hijos, sus deseos y aspiraciones personales y no otorgará nunca un cumplido a sus hijos, por el contrario, buscará cómo herirles sutilmente. El proceso de invalidación por parte de la madre será uno de los que más afecten a los hijos en su etapa adulta, pues estarán en constante búsqueda de validación fuera del sistema familiar. Lo anterior los convierte de manera inmediata, en presa fácil para personas abusivas y para los perpetradores fuera de la familia, incluyendo psicópatas, sectas y organizaciones perversas. Algunas de las frases más comunes de invalidación usadas por la madre narcisista cuando se ven confrontadas o acorraladas por los hijos son:

a.	Esto fue culpa tuya
b.	Eres un quejumbros@
c.	Eres un malagradecido
d.	Déjame en paz, bastantes problemas tengo
e.	Ah cómo eres mentiros@

f. Cálmate, solo estaba bromeando
g. Cómo eres chismos@
h. ¡Qué bárbar@! ¿cómo juzgas a tu madre?
i. Llorarás sangre cuando me muera
j. Lo pagarás caro con tus hijos
k. Eres un hij@ horrible
l. Te lo mereces por ser mal hijo
m. No llores, esas lágrimas guárdalas para cuando me muera
n. Eres un exagerad@
o. Todo esto lo provocaste por tu personalidad
p. ¡Nunca me invitaste! (cuando en realidad sí fue invitada)
q. Nunca me llamaste (cuando en realidad sí recibió la llamada)
r. Nunca me pasaron el recado (cuando en realidad sí le pasaron el recado)
s. Ni cuenta me di
t. Esto es culpa de tu padre
u. Esto es culpa de tus hermanos
v. Esto es culpa tuya
w. Estás completamente loc@

VII
Roles del sistema Familiar Narcisista y la Secta Familiar

Este capítulo puede ser uno de los más reveladores con relación a la detección y confirmación del sistema narcisista matriarcal en la familia. Invariablemente, la madre narcisista de manera sutil crea una serie de entrelazamientos inconscientes entre el esposo y los hijos, y ella, creando patrones de conducta sumamente entendibles una vez que se les descubre.

Para muchas personas, el descubrir los patrones y roles de la familia narcisista matriarcal puede ser abrumador, pero completamente liberador. Por fin, el lector puede detectar y visualizar que lo que sucede en la familia, tiene nombre y apellido, y está enlistado como el Trastorno Narcisista de la Personalidad en el DSM-V.

No es lo mismo haberte dado cuenta que algo no andaba bien con mamá, que descubrir con claridad, que tu madre no es tóxica, está enferma del TNP. Una cosa es entender que tu madre se ha comportado desde tu infancia de manera abusiva, y otra cosa es entender que no eres tú el que ha provocado el caos, sino que es tu madre la que todos estos años ha estado enferma con un trastorno mental narcisista, y que, además, debido a su padecimiento, los miembros de la familia han sido *moldeados* por la madre para crear patrones de conducta muy específicos, con roles, papeles y guiones muy claros. Incluso, el descubrir los patrones de conducta de cada uno de los roles de los miembros de la familia te podrá ayudar a predecir sus conductas y reacciones dentro del sistema.

Es tan revelador, que cuando alguien descubre cómo se comportan los miembros de un sistema familiar narcisista y se detectan los roles, es el equivalente a tener una epifanía. Es entrar a la dimensión clara y reveladora en donde la madre es la titiritera y los demás miembros son sus títeres. Es entrar a un universo alterno que no había sido descubierto por ti. Es ponerse lentes de contacto cuando no sabías que eras miope y ves todo de manera clara por primera ocasión.

A continuación, se explicará cada uno de los tipos de roles dentro del sistema familiar narcisista. En algunos casos, un mismo miembro puede ocupar dos o más roles, sobre todo en familias poco numerosas, con uno o dos hijos. Es tan amplio el análisis que se puede realizar de cada uno de los roles dentro de los sistemas familiares disfuncionales, que se podría hacer un libro entero de cada uno de ellos, pero en este libro trataremos de forma general la descripción de cada uno de los roles para fines prácticos.

a.   El delator del sistema. El despertar.

El delator del sistema, que casi con seguridad se convertirá en el chivo expiatorio que explicaremos en el siguiente inciso, es aquel que desde muy temprana edad comienza a rebelarse contra el sistema de abuso. Generalmente son niños que son muy abiertos y dicen lo que piensan. Se caracterizan por no ser cohibidos y con una gran seguridad en sí mismos, y que de forma repetida se rebelan contra el abuso de la madre. Esto puede suceder de forma más habitual cuando el niño comienza su etapa preadolescente, y que comienza a entender que existen otras familias diferentes en las cuales no hay abuso por parte del padre, la madre o ambos.

El trastorno de la madre puede estar o no latente en las primeras etapas del niño, cuando este no se rebela a la madre, o en su etapa edípica, lo que a la madre le sirve de manera directa como suplemento narcisista, por lo que no representa un riesgo para la madre. Cuando la madre comienza a detectar que uno de sus hijos está superando la etapa edípica (existen muchos libros y estudios que hablan precisamente de esta etapa de enamoramiento del hijo y la madre), la madre detectará quién de sus hijos será el que se rebele contra el abuso psicológico, y que no aceptará el abuso de la madre, por lo que ésta comenzará una guerra en su contra.

Conforme los hijos comienzan su etapa adolescente, (una etapa normal de rebeldía y de busca de identidad propia por parte de los hijos) la madre narcisista tratará a toda costa de seguir moldeando la personalidad de todos sus hijos, lo que ocasionará casi en todos los casos, un choque frontal con el trastorno de la madre. Será una etapa crítica entre la madre narcisista y sus hijos. Es probable que uno será el que delatará al sistema al rebelarse contra el abuso matriarcal desproporcionado. En ese instante, se estará gestando la figura del delator, y esa misma etapa servirá para tatuar de por vida al hijo "bocón", "el whistleblower", "el delator", como el receptáculo de todo el lodo narcisista tóxico, y la madre narcisista alienará a los demás miembros en contra de ese traidor del sistema: el chivo expiatorio.

b.　　　　　El Chivo Expiatorio

　　　Como su nombre lo indica, el chivo expiatorio será señalado por la madre como el hijo más complicado, el que no encaja, el que servirá de depósito tóxico de toda la familia durante los años por venir. En inglés a este rol se le conoce como el Scapegoat. El diccionario define al chivo expiatorio a la persona o grupo de ellas a quienes se quiere hacer culpables de algo con independencia de su inocencia, sirviendo así de excusa a los fines del inculpador. De manera más específica, este apelativo se emplea para calificar a aquellos sobre quienes se aplica injustamente una acusación o condena para impedir que los auténticos responsables sean juzgados, o para satisfacer la necesidad de condena ante la falta de culpables.

　　　El propósito principal de la madre narcisista será impedir que los miembros del sistema detecten, bajo ningún motivo, la perversidad del sistema de abuso y de las tácticas de la madre dentro del sistema.

"Para justificar cualquier crimen, tienes que convertir a la víctima en tu enemigo" Chuck Palahniuk

El Chivo Expiatorio será el enemigo número uno del sistema, de los hermanos, de la madre y del padre. Se convertirá de facto, en el hermano al que todos apuntan como el generador de todos los conflictos familiares, incluso si este, se encuentra a miles de kilómetros de distancia o sin que él tenga ninguna relación con el sistema familiar.

La madre entenderá que, desde muy temprana edad, el chivo expiatorio no será proveedor de suplemento narcisista, por el contrario, se convierte de manera inmediata en un riesgo enorme para el trastorno de la madre, lo que provocará que los demás miembros comiencen a ser alineados para crear una especie de mobbing familiar, o bullying sistemático familiar.

Debido a la personalidad del chivo expiatorio que se rebeló ante la injusta forma de tratar a los miembros de la familia por parte de la madre, este mismo encontrará la fuerza suficiente para salir del sistema y escapar de las fuerzas gravitacionales que se ejercen dentro del sistema. Será el primero en dejar el rebaño. Ante la perplejidad de los demás hermanos y miembros de la familia, se comenzará una campaña de desprestigio en contra del desertor. El chivo expiatorio pagará un precio muy caro por desafiar y traicionar al sistema familiar, muchas veces hasta incluso después de la muerte de la madre narcisista.

Los niños que crecen como chivos expiatorios en una familia pueden desarrollar problemas tales como:

- Falta de confianza en sí mismos y en los demás
- Resentimientos profundos
- Baja autoestima
- Se culpan a sí mismos por cómo los tratan y buscan encontrar razones lógicas que justifiquen su maltrato.
- Victimización
- Tienden a sentirse inútiles
- Tienden a sentirse feos, estúpidos y/o incompetentes
- Pueden tener dificultades académicas

- Evitan situaciones u oportunidades competitivas
- Suelen intentar guardar un bajo perfil
- Se pelean con los demás con ira explosiva
- Son pesimistas
- Creen estar en deuda con los demás. Ellos mismos tratan de generar esa deuda, consciente o inconscientemente
- Toman roles de redentores ante los demás
- Cargan con los problemas de los demás sin razón o motivo
- Algunos pueden tratar de demostrar su valía convirtiéndose en "conseguidores de metas" en detrimento de sus propias aspiraciones e intereses en la vida

A menudo buscan la validación (que nunca recibieron) fuera del hogar, por lo que pueden ser vulnerables a los grupos depredadores y las personas que buscan aprovecharse, como los cultos religiosos, las bandas criminales, las organizaciones terroristas y los depredadores emocionales y/o sexuales. A menudo son atraídos por el ofrecimiento gratuito y rápido de validación otorgado por los depredadores, que es altamente apreciado y anhelado por el chivo expiatorio de manera subconsciente.

Lo que ocurre en algunas relaciones interpersonales de la madre narcisista-Chivo Expiatorio es que se genera una relación de odio-amor, en donde la madre proporcionará en determinadas ocasiones, una etapa *bombardeo de amor* maternal o love bombing, en la cual la madre narcisista "baña" al chivo expiatorio de falsa validación. Por lo anterior, es posible que algunos Chivos Expiatorios y su madre narcisista generen un vínculo sumamente profundo y fuerte, pues el niño interior del Chivo Expiatorio sentirá durante esos períodos de bombardeo de amor, el amor incondicional que tanto anheló desde su niñez, pero que nunca obtuvo. Esto provocará que, durante esos períodos, el Chivo Expiatorio quede vulnerable ante las estrategias de la madre narcisista. Estos períodos de amor serán solo un manejo maquiavélico para manipular a la oveja negra o chivo expiatorio que escapó del núcleo familiar.

El chivo expiatorio en una familia disfuncional con patología en uno de los padres no es el más débil, sino el más inteligente, independiente y con una sensibilidad de justicia mucho más desarrollada que los demás miembros de la familia. En algunos otros enfoques de psicología que hacen referencia a las familias disfuncionales, se les puede llamar la oveja negra, misma que será etiquetada por el sistema como una persona llena de odio y que enloqueció, por lo que el sistema familiar lo tuvo que exiliar.

La madre narcisista cree que su Chivo Expiatorio hace todo mal, es rebelde, grosero y mal agradecido. No "aprecia el amor" que está recibiendo en la casa. Este hijo, al contrario del Niño de Oro, va a ser "el culpable" de todos los problemas de la familia. La madre narcisista se va a encargar de criticar, humillar, etiquetar, desaprobar y culpar al Chivo Expiatorio, inclusive cuando este hijo(a) no ha hecho nada en contra de la madre o del sistema.

La madre narcisista se encarga de Triangular con los demás hijos, para crear separación, envidias, rencores y celos entre ellos. La madre narcisista también va a alentar al Niño de Oro a que critique, manipule y maltrate al chivo expiatorio. El Niño de Oro obedece a la madre narcisista para evitar el castigo y ve en ello a su medio de supervivencia.

El Chivo Expiatorio es el hijo o hija que rechazará el legado de abuso y tiranía en la familia, y evitará que sus hijos no hereden el sistema de abuso familiar. El chivo expiatorio evitará que sus propios hijos no entren al sistema familiar narcisista tóxico, distanciándolos tanto como se pueda. La madre narcisista le exigirá al Chivo Expiatorio tiempo, dinero y esfuerzo como recompensa por sus "comportamientos rebeldes".

La madre narcisista rechazará a las amistades del chivo expiatorio, y puede incluso llegar a lograr que este abandone su puesto de trabajo, se endeude y que descuide su salud con tal que el chivo expiatorio cuide de ella tratando a toda costa que sea el hijo cuidador (*care taker* en inglés). La madre narcisista utilizará este método de manipulación con sus hijos para recibir la atención y cuidados que "ella se merece".

Por otro lado, el Chivo Expiatorio es el hijo que termina abandonando al sistema de la familia disfuncional en la que vivía para llevar una vida normal, más sana y lejos de su madre narcisista y de sus hermanos de oro o changos voladores, de los que se hablará más adelante.

Los Chivos Expiatorios, al igual que los demás hijos del sistema, después de haber vivido tantos años dentro del ciclo de abuso familiar, pueden terminar con la autoestima muy baja y con una depresión profunda. Si no resuelven y superan estos conflictos personales, es muy probable que terminen relacionándose o casándose con un(a) narcisista y volver a caer en el ciclo de abuso. Estos ciclos de abuso con los hijos son encubiertos y se llevan a cabo en el hogar, a puerta cerrada, en donde nadie ajeno a la familia puede presenciarlos.

c.   Golden Boy o el Elegido

El hijo elegido o niño de oro, es aquel que recibirá la recompensa narcisista, sin embargo, siempre será una recompensa perversa de amor condicional. El juego entre la madre narcisista y el hijo de oro será en todos los casos un sistema brutalmente injusto, lleno de recompensas cuando el hijo se comporta de manera adecuada para la madre narcisista, y será castigado cuando este no cumpla con las expectativas de la madre narcisista.

Son hijos que pasarán prácticamente toda su vida complaciendo a la madre narcisista, desprovistos de una sana personalidad propia. Debido a que la patología de la madre narcisista tiene como uno de sus objetivos vivir su propia personalidad a través de sus hijos, la madre narcisista moldeará a cada uno de ellos como una araña teje su telaraña, fina y lentamente.

El rol de niño de oro está directamente contrapunteado con el Chivo Expiatorio. El niño de oro es el hijo (o hija) "predilecto" de la narcisista. La madre narcisista tomará a uno o varios de sus hijos como su Niño de Oro, el cual va a ser un reflejo de ella misma. La narcisista necesita a este niño de oro (lo común es que el niño de oro sea el hijo varón) para presumirlo ante los demás, exaltando al hijo, pero la madre narcisista no lo hace por el hijo, sino para inflar su propio ego. La madre narcisista no ama al niño de oro, solo lo utiliza.

El Niño de Oro, es muy pequeño cuando la madre narcisista le asigna este rol y confunde este "supuesto amor maternal" con amor verdadero, por los favores especiales, permisos, los regalos y el trato especial que recibe por parte de su madre narcisista. El niño de oro, valida a la madre narcisista y la enriquece dándole el suplemento narcisista que la madre le exige. Esto lo hacen como un mecanismo de defensa y supervivencia para evitar el ciclo de abuso con su madre narcisista.

El Golden Boy puede presentar las siguientes características:

- Internaliza el abuso como aceptación
- No pelea con su madre narcisista y le obedece
- Busca el amor maternal (aprobación del narcisista)
- El Niño de Oro puede terminar convirtiéndose en un adolescente con comportamientos autodestructivos (consumo de drogas, alcohol o problemas con la ley)
- Relaciones fallidas
- Incapacidad para mantener un trabajo estable
- No termina sus estudios
- Incapaces de mantener una relación **saludable** con sus parejas
- Es posible que nunca pueda formar una familia propia
- En muchos casos, cuando el Niño de Oro es mayor, termina ofreciendo a sus propios hijos (los nietos) a su madre narcisista como recompensa por el "buen trato" que le han dado, en caso de que éste, haya podido formar una familia propia
- En sus relaciones personales, siempre le dará el lugar primero a la madre, antes que a la pareja

La madre narcisista, como método de manipulación y control, recompensa al Niño de Oro dándole dinero y posesiones, compensándolo por sus comportamientos erráticos "porque lo necesitan más que sus otros hijos". La madre narcisista llega incluso a heredarles todo a su Niño de Oro y nada al resto.

El Niño de Oro termina convirtiéndose en una versión moldeada por la madre narcisista, al comienzo para evitar abusos y confrontación con su madre, y posteriormente porque ya aprendió que este es su mecanismo de supervivencia.

    Los Changos Voladores, los cómplices.

Para entender el término de los "changos voladores" es necesario entender de dónde proviene el mismo. En la película del Mago de Oz, los monos alados (a menudo denominados como adaptaciones de la cultura popular como changos voladores) son personajes ficticios creados por el autor estadounidense L. Frank Baum (1900) en la novela infantil The Wonderful Wizard of Oz. Son monos de la jungla con alas emplumadas como pájaros. Se recuerdan más notablemente de la famosa película musical de 1939 de MGM con el mismo nombre. Desde entonces, han tomado su propio lugar en la cultura popular, regularmente referida en situaciones cómicas o irónicas como fuente de maldad o miedo.

En el sistema familiar narcisista los changos voladores son los cómplices de la madre, desde el esposo, hasta uno o varios de los hijos de la familia. En casi todas las ocasiones, el sistema de facilitadores de la madre narcisista también abarca a familiares cercanos, que ayudarán, consciente o inconscientemente, a incrementar el poderío de la madre narcisista dentro y fuera del sistema.

Los monos voladores pueden ser cualquiera que crea en la falsa personalidad de la narcisista, incluido el cónyuge, hijo, amigo, hermano o primo de la narcisista. De acuerdo con la autora de psicología popular Angela Atkinson (2019) los monos voladores generalmente son personas manipuladas involuntariamente que creen en las difamaciones sobre la víctima, aunque pueden ser otro narcisista que trabaja en conjunto como el rol del que hablaremos más adelante: la o el co-narcisista, o narcisista codependiente.

Según algunos autores sobre el trastorno narcisista de la personalidad, los cómplices de la madre pueden provenir de varias fuentes:

- Los asociados del abusador o los clásicos changos voladores.
- Los asociados de la víctima - manipulados para ponerse del lado del abusador: Son aquellos que estuvieron un período de tiempo del lado de la víctima, pero la madre logró con tácticas tóxicas, sabotear su relación con el chivo expiatorio para que se volvieran en su contra.
- Figuras de autoridad que han sido manipuladas para ponerse del lado del abusador. Estas pueden ser desde un sacerdote, o hasta el mismo director de la escuela en dónde estudian los hijos o los nietos de la madre narcisista. En algunos casos, la madre narcisista incluso llegará a tratar de sabotear el puesto de trabajo del chivo expiatorio al tratar de contactar al jefe o a los compañeros de trabajo para convertirlos en changos voladores a distancia.

El mono volador sigue las órdenes del narcisista para infligir tormento adicional sobre el chivo expiatorio. Para ocultar el crimen narcisista, la madre narcisista convierte al chivo expiatorio en el enemigo N.1 de los hermanos. Las tácticas varían de sistema en sistema, pero por lo general consiste en espiar, difundir chismes, amenazar, y dramatizar mostrándose como la víctima del chivo expiatorio, y proyectar al chivo expiatorio como el perpetrador. Todos los sistemas narcisistas siempre culparán a la víctima y dejarán a la madre narcisista perpetradora como la víctima.

Sin embargo, la madre narcisista no dudará en hacer de los monos voladores sus chivos expiatorios cuando sea necesario. Será parte del juego de manipulación. En muchos casos, la hija o el hijo co-narcisista, se convierte en blanco de la estrategia de desprestigio y la convierte en el chivo expiatorio intermitente. Hablaremos más delante de este tema cuando abordemos del papel de la co-narcisista.

Los monos voladores pueden hacer que parezca que la madre narcisista no está en realidad involucrada, o probablemente no tengan idea de que están siendo utilizados. Múltiples monos voladores actúan como una fuerza de acoso contra una víctima.

Los motivos detrás del grupo de apoyo del narcisista pueden ser múltiples. Los proveedores de servicios, o el grupo facilitador de la madre narcisista, pueden ser seducidos por el encanto del narcisista para adoptar una perspectiva unilateral y cerrada en contra del chivo o los chivos expiatorios. Es usual que algunos miembros de la familia puedan intentar de buena fe resolver el "problema" y tratar de defender a la víctima o a las víctimas del abuso, pero la madre narcisista logrará que esos parientes o amigos de la familia, reciban todo el peso del rechazo y la crítica que se ejercerá hacia los traidores que apoyaron al chivo expiatorio.

> *"The only thing necessary for the triumph of evil is*
> *for good men to do nothing."* – Edmund Burke

Algunos miembros del sistema familiar narcisista, como el esposo de la madre, serán changos voladores pasivos en algunas ocasiones, es decir, actuarán como miembros de la familia que no hacen nada, y callarán ante el abuso que se presenta ante sus ojos. Actúan por omisión.

> *"Los monos o changos voladores son aquellos habilitadores o facilitadores del narcisista. Vienen en todas las formas y tamaños. Pueden ser amigos, familiares, pastores y consejeros. En realidad, no creo que los monos voladores se den cuenta de lo que están haciendo. Confío en que estas personas realmente crean en un "justo actuar" y en la "causa" de (la madre) narcisista." – Sharie Stines, Psy.D*

La madre narcisista es una experta manipuladora y actúa con una fuerza psicológica implacable. Conoce perfectamente los puntos débiles de todos los miembros de la familia, así es que, por muchos años, ha podido desarrollar sistemas de manipulación y abuso para controlar a todos y cada uno de los miembros de la familia. Ante la distorsionada visión de los miembros de la familia, la madre narcisista logra ser la víctima en todos los casos. Cuando la madre narcisista detecta quién de los miembros es más fuerte psicológicamente hablando, lo convertirá en el chivo expiatorio desde muy temprana edad, y alineará a los monos voladores en contra de él. Con el tiempo, la madre narcisista logrará que los changos voladores no tengan juicio propio, y pensarán, sentirán y enjuiciarán todo su mundo desde el punto de vista de la madre narcisista.

Los changos voladores crecen sin capacidad de raciocinio y su capacidad para tomar decisiones en la etapa adulta se ve profundamente afectada por el abuso sistémico de años inferido por la madre narcisista. Si la madre narcisista dice que el chivo expiatorio es corrupto, los changos voladores creerán y esparcirán el rumor de que el chivo expiatorio es corrupto. Si la madre narcisista dicta que el chivo expiatorio es una persona de tal o cual forma, los changos voladores se dedicarán en sus mentes a crear un universo paralelo en donde efectivamente el chivo expiatorio es de tal o cual forma.

Los changos voladores ante la sociedad aparentan pertenecer a una familia perfecta, en donde el extraño de la familia es el chivo expiatorio, y se convierte inmediatamente en la oveja negra, el basurero emocional de la familia, el exiliado, el extraño y la sombra obscura que flota en el sistema familiar. En este mundo paralelo creado por la madre narcisista, todo puede pasar en contra del chivo expiatorio, desde acusaciones falsas, afrentas directas, calumnias e incluso sabotaje. Este mundo paralelo creado a través de los años por la madre narcisista es un mundo bizarro, en donde todo está al revés, lo blanco es negro y lo negro es más negro. Ahí, en ese mundo paralelo, la madre narcisista gobierna a todos y a todo, despojando de juicio y congruencia a las vidas de los changos voladores.

e.   El olvidado o invisible

El hijo olvidado o invisible, como su nombre lo indica, es el hijo al que nadie hizo caso, comenzando por la madre narcisista. Es parte del sistema narcisista matriarcal, pero por lo general es el más pequeño de la familia. Crecen con una enorme carencia afectiva que, para ser compensada en la etapa adulta del hijo olvidado, desarrollará una personalidad agresiva, llamativa e histriónica. Tienen muchos problemas para crear vínculos afectivos saludables y es muy probable que sus relaciones amorosas no sean estables. Todas sus relaciones estarán encaminadas a compensar el vacío interior afectivo, mediante las relaciones llamativas, complicadas o promiscuas.

Uno de los changos voladores tomará el papel de bufón o *"the entertainer"* o *"show man"*. Por lo general será el hijo de oro, el elegido por la madre narcisista. Este papel se encargará de crear una ilusión de felicidad dentro del sistema, con tres propósitos específicos: crear una cortina de humo, por un lado, y por otro, hacer ver a la madre narcisista como la madre perfecta, simpática, la matriarca que une y nutre de amor a todos sus hijos mediante historias chuscas que hacen quedar a la madre narcisista como una madre llena de amor a los hijos que se quedaron en su sistema. Además, el tercer objetivo de convertirse en el bufón será agradar a la madre, buscar su aprobación y recibir la validación que el hijo bufón requiere y busca.

Algunos familiares incluso colaborarán a normalizar el abuso a través de los años, a tal grado que lo que debería de ser alarmantemente aterrador, será algo cómico y aceptado por la mayoría de la familia. La madre narcisista logrará no solo que los demás aceptaran que ella se refiriera a sus hijos como "imbéciles" frente al público en general sin ninguna pena, sino que se crearán historias que ironicen el abuso y lo presumirán ante los demás, apoyados enormemente por el rol del hijo bufón.

Eso es exactamente parte de la hiper-normalización del abuso que se aborda en uno de los capítulos de este libro. Muchas historias de abuso serán relatadas de manera repetitiva por el hijo de oro a lo largo de los años a manera de sketch y de manera *chusca*, consciente o inconscientemente, para relativizar el daño.

Uno de los rasgos detectados en algunos sistemas familiares narcisistas es la creación de sketches por parte de la familia. Para los espectadores educados en narcisismo, es como estar delante de una obra teatral, en dónde cada uno de los miembros de la familia eligen un guion, un papel y una actuación repetitiva. Es la parodia del trastorno, es el encubrimiento del abuso ante las personas externas al sistema familiar. Es la tragicomedia de Edipo mostrada en su más refinada representación subconsciente. Es el arquetipo de la madre devoradora y su corte.

g.   La co-narcisista manipuladora y facilitadora de la madre narcisista (cómplice víctima-victimaria)

Este será uno de los perfiles más complejos y perversos del sistema. Es el brazo obscuro de la madre narcisista. Es el hijo o hija que provee a la madre narcisista de municiones contra el chivo expiatorio y contra los demás miembros de la familia. Este personaje es el Rasputín del sistema, el Maquiavelo del Rey. Este hijo o hija, aprende a muy pronta edad a manipular a los demás, especialmente a los miembros del sistema. Incluso, aprende a manipular a la propia madre narcisista creando una relación psico dependiente.

Este personaje o rol, sabe manipular, pero no puede dejar de ser manipulada por la madre narcisista. Adopta el mismo juego de castigo y recompensa emocional con la madre narcisista y con los demás miembros de la familia. Será la víctima, pero también la victimaria. Será la que provea a la madre de la droga narcisista (*suplemento*), se convertirá en la *dealer* de suplemento narcisista. Cada vez que la co-narcisista entregue suplemento narcisista, será recompensada, incluso si el suplemento afecta a sus hermanos o miembros del sistema, éste será siempre recompensado.

Debido a la carencia emocional que la madre narcisista creó al no poder nutrir de amor incondicional a sus hijos, el co-narcisista desarrollará una personalidad muy parecida a la madre narcisista, ya sea de forma encubierta o extrovertida.

(covert/overt). En el caso de ser covert, pasará toda la vida jugando el papel de víctima de su propia madre, pero también de todos los demás, de sus propios hermanos, y cuando esta se case y produzca hijos dentro del sistema, será la víctima de su propia pareja y de sus propios hijos.

Cuando la madre narcisista muere, es altamente probable que este personaje herede el control del sistema, y surge un nuevo matriarcado emocional y dominante. Es la alumna perfecta del sistema, ante los demás, será siempre la víctima, dentro del sistema, será la victimaria manipuladora.

h.   El padre decapitado

El esposo de la madre narcisista es opacado por su pareja desde el comienzo de su matrimonio. Es el esposo sin voz ni voto y que estará al servicio de la madre narcisista ya sea para procrear o simplemente como chango volador. Servirá para demostrar que la madre narcisista tiene un poder sobre la figura paternal y sobre el género masculino, y que desde un comienzo fue elegido para funcionar como suministro genético y generador de suministro narcisista. Será la figura maternal quien decapita al padre y devora a los hijos, sin que el padre castrado haga nada. Es el subyugado perfecto, el que da la otra mejilla, el que deja que las cosas se arreglen por sí solas y el que jamás pondrá a sus hijos antes que a la esclavitud sometedora de su esposa. Esta figura paternal omisa, también ejercerá profundas heridas emocionales en los hijos, quienes se preguntarán: "¿por qué nuestro padre nunca hizo nada?".

La omisión absoluta del padre para detener el abuso de la madre será recibido por los hijos con un sentimiento profundamente hiriente pero oculto, pues en el fondo, la madre no ama a sus hijos incondicionalmente, pero el padre tampoco, pues nunca detuvo el abuso de la madre y prefirió la sumisión a ella, antes que confrontar y enfrentarse a la esposa *decapitadora*.

El padre juega un rol doloroso dentro del sistema, pues será la fuerza que nunca defendió del abuso a sus hijos, por el contrario, será el cómplice espectador, lo que generará en los hijos un trauma profundo, ya que la figura paterna confabuló para que el abuso se perpetrara. La figura paternal se inmoló, se dio en sacrificio a su esposa con la justificante de construir una familia funcional perfecta, por omisión, confort o por imagen.

i.   El hijo eunuco

Puede ser uno o varios hijos masculinos los que crezcan con una personalidad poco valiente. Estarán siempre escondidos bajo las faldas de la madre narcisista y no aprenderán a tomar decisiones por sí mismos. Si llegan a casarse, los hijos eunucos siempre pondrán a la madre antes que la esposa, y buscarán la aprobación de sus relaciones amorosas para poder continuar con las mismas.

La madre NUNCA aprobará ninguna de sus relaciones sentimentales, por el contrario, fungirá como una fuerza perpetradora y saboteadora de todas las relaciones de los hijos. Solo demostrará estar de acuerdo con las relaciones de sus hijos por un tiempo, justo el tiempo necesario para observar, predar, acumular información, para luego ser usada en contra de sus hijos y cometer el sabotaje perfecto.

Los hijos eunucos no podrán nunca ocultarle a la madre sus relaciones sentimentales propias de manera exitosa, ya sea por su incapacidad de no poder guardarle un secreto a su madre, (que lo ve y escucha todo) o porque la madre narcisista encontrará siempre la forma de sacarles información de manera sagaz. Además, el motivo por el que el hijo verbaliza los detalles de sus relaciones sentimentales será para buscar la aprobación y validación de la madre.

j.   Los nietos cómplices. Los nuevos changos voladores.

     Los nietos son la sangre nueva que provoca que la madre narcisista se convierta en la abuela matriarca, poderosa y omnipotente. Ahora tendrá más material y suplemento narcisista, además que podrá crear a las nuevas generaciones de changos voladores. Su ejército crece.

     Continuará con todas las prácticas que usó con sus hijos, alimentando de rencores a sus propios nietos en contra de los chivos expiatorios. Si los nietos provienen de un hijo codependiente narcisista (co-narcisista), es altamente probable que se desarrolle un hijo chivo expiatorio dentro del sistema familiar narcisista de tercera generación.

k.   Las hienas.

        Las hienas juegan un papel secundario pero inflamatorio en el sistema familiar. A diferencia de los changos voladores, éstas solo actúan cuando huelen sangre, cuando hay conflicto y se acercan para ver de cerca al sistema familiar. Por lo general son personas muy dañadas, tóxicas y repulsivamente obscuras. Pueden ser parientes o amigos de los changos narcisistas, primas de la co-narcisista que gozan de ver el caos dentro del sistema de la madre narcisista.

        Provienen de sistemas narcisistas y disfrutan ver el caos en el "otro" sistema narcisista. Las hienas son personas que muestran rasgos muy marcados en el percentil sádico, es decir, que disfrutan del dolor y el caos ajeno.

        En muchos casos, se relacionan con el hijo o la hija codependiente a quién ven con tristeza aparente (en el fondo disfrutan de la desgracia ajena) pero que usan como trampolín emocional para comparar sus propias miserias. Si se tratara de un reino, las hienas serían las asesoras de Maquiavelo y las engendradoras de conflictos e ideas malévolas dentro del sistema. Operan en la obscuridad, por eso casi no se les detecta, pero estarán listas para acercarse a ser parte de la toxicidad creada por el hijo co-narcisista.

Pueden ser una o más hienas, pero siempre, en los momentos de caos, estarán de alguna u otra forma rondando el sistema narcisista como si éste fuera una presa de caza.

l.   El cuidador de la madre.

Uno de los roles más complejos es el del hijo de la madre que toma el papel de cuidador. Debido a que el sistema jerárquico de la familia está boca abajo, es decir, que en lugar de que los padres provean de amor incondicional a los hijos, en el sistema familiar narcisista el rol está invertido y los hijos son los que *tienen* que proveer ese amor incondicional. En este caso, uno de los hijos toma el papel de cuidador y proveedor de la madre, y no porque el padre haya muerto, sino a pesar de que el padre vive, en el sistema familiar, su rol del padre fue desplazado por el hijo cuidador, parcial o totalmente. A este proceso se le llama parentificación de los hijos, es decir, moldear a los hijos para que se conviertan en uno de los padres; en este caso el hijo tomará el rol del esposo de la madre y padre de sus hermanos.

El hijo cuidador será quién cuide a la madre si se enferma, o incluso económicamente sea quién se haga cargo de la madre. El rol del esposo de la madre narcisista servirá de florero, mientras ante los demás familiares, el hijo cuidador (que por lo general es el hijo de oro) toma el rol de esposo. Ante la mirada de las personas educadas en sistemas familiares narcisistas, será evidente que el hijo cuidador muestre una actitud de esposo-hijo.

En muchas ocasiones, la madre proveerá al hijo de oro de toda la autoridad e incluso le heredará en vida, con la condición no escrita de que, en retribución, el hijo de oro se convierta en el hijo-esposo cuidador, teniendo que trabajar toda la vida para cuidar y hacerse cargo de la madre. Son acuerdos subconscientes no escritos, pero sí aceptados.

En algunos sistemas familiares, el hijo cuidador se hará responsable de manera subconsciente del cuidado de los demás hermanos, e incluso tendrá un rol de servilismo constante, ya sea porque le fue encomendado a nivel subconsciente el papel de cuidador, o por su patológica forma de tratar de agradar a los demás.

m.   El Síndrome de Peter Pan o rol del hijo con miedo
a crecer.

El síndrome de Peter Pan se presenta como una confabulación de los sistemas familiares para ***mantener de por vida*** a uno o varios hijos dentro de un sistema familiar disfuncional, como hijos emocionalmente inmaduros, y de personalidades con características propias de un niño o preadolescente. Aunque inadvertido, el propósito de la confabulación presente en sistemas familiares como el de la madre narcisista, será proteger a la madre de la depresión, acompañarla de por vida en el mundo paralelo creado por el sistema familiar narcisista, y crear un constante suplemento narcisista. El hijo con el síndrome de Peter Pan tiene miedo a crecer y se niega a hacerlo, mostrando resistencia a vivir una vida acorde a su edad adulta. Aunque este rol no está avalado de forma científica o formal, cada vez ha tomado más relevancia dentro de los sistemas familiares narcisistas.

Este rol, a diferencia del bufón, es el hijo que nunca creció. El bufón puede llegar a ser un adulto en todos los sentidos, y solo servir de distractor o hiper-normalizador del abuso, el hijo cómico, el chistoso, el *showman*. Pero en el caso del hijo en el rol de Peter Pan, es un adulto que piensa realmente como niño. Este rol es el del niño que permanece atado a la falda de mamá, emocional y económicamente, y es psico dependiente del sistema. Muchas veces ni trabajan formalmente, ni estudian. Son hijos que carecen de estructura propia o de responsabilidad ante situaciones difíciles o complejas de la vida.

No se casan ni tienen hijos pues prefieren seguir viviendo su vida al estilo de un adolescente. No son capaces de llevar un negocio familiar o propio, pues no pueden afrontar las complejas tareas que representa mantener o hacer crecer un negocio. Es incapaz tampoco de obtener un trabajo *formal y serio*, pues percibirá cualquier instrucción de un jefe como una llamada de atención sumamente injusta y compleja. En pocas palabras, no son capaces de sostenerse a sí mismos, ni emocional, ni económicamente.

Los hijos con el síndrome de Peter Pan no tienen capacidad para establecer compromisos maduros, es decir, el compromiso de una paternidad, o esposarse con alguien. Son hijos que buscarán a su *Wendy,* pero nunca se comprometerán con ella. Son incapaces de comprometerse emocional o sentimentalmente con alguien y son sumamente temerosos e indecisos ante la vida que se les presenta como un monstruo complejo y difícil de domar.

Los hijos montados en el sistema con el síndrome de Peter Pan no podrán lidiar con el conflicto. Serán evasivos ante cualquier plática de adultos, y si se llegan a enganchar en una conversación, estará llena de comentarios poco atinados, caprichosos e inmaduros. El diálogo profundo será como tratar con un adolescente poco razonable. Otro de los rasgos será que no tienen capacidad para "arreglar" la casa en donde nacieron, y de la cual nunca saldrán. La decoración de su cuarto, en donde crecieron y seguirán viviendo de por vida, está decorada con motivos infantiles y es muy probable que continúen cuidando sus carritos de miniatura.

Al igual que cualquier niño son sumamente egoístas, y aunque aparentemente son serviciales y empáticos, cuando se trata de un verdadero compromiso profundo, no son capaces de mantenerlo. Pueden presentar problemas constantes con el alcohol o las drogas y nunca aceptarán responsabilidad por sus propios errores, siempre será la culpa de alguien más. Además, no muestran deseos de emprender una carrera propia de manera seria y prolongada.

Todo lo anterior se produce derivado de un vínculo muy cercano con la madre devoradora o narcisista, quién provocó que este síndrome se desarrollara en uno o varios de sus hijos.

VIII
La Familia Narcisista y su Mapa Diagnóstico

Después de haber entendido cada uno de los roles, será ahora de manera fácil detectar las fuerzas gravitacionales que operan al interior de la Familia Narcisista. El siguiente gráfico servirá para mostrar de manera visual cómo funciona el sistema familiar creado por una Madre Narcisista.

Sistema Familiar Matriarcal Narcisista

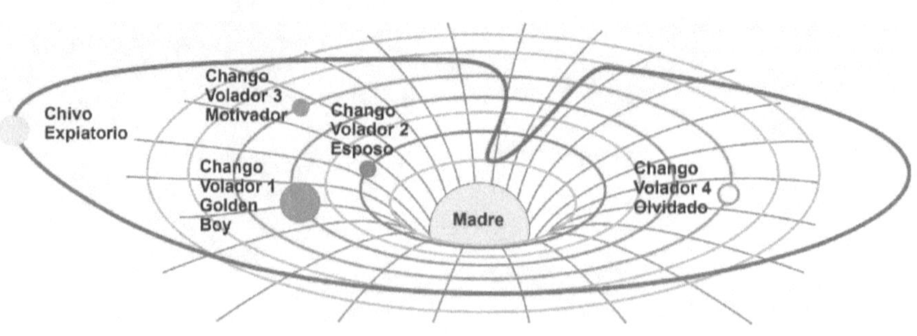

Es Sistema Familiar Matriarcal Narcisista es una familia en la que sus miembros son altamente disfuncionales en donde conviven algunos, o todos los roles que se mencionan en el capítulo anterior. En la familia narcisista, como se ha mencionado en este libro, un miembro de la familia puede ocupar uno o más roles, por ejemplo, el bufón y el niño de oro pueden ser la misma persona. En la familia narcisista existen reglas no escritas que todos tienen que cumplir para no ser exiliado y rechazado por el sistema familiar.

Este sistema familiar narcisista es provocado y comandado por la madre, quién será la que dicte las reglas, la que imponga los castigos y la que determine quién sale o entra al sistema. Así como en todo sistema de gobierno, existen reglas, las reglas de la madre narcisista.

Estas reglas estarán intrínsecamente ligadas a la sintomatología y características de la madre narcisista, tales como: **cuidar la imagen de la familia a toda costa**, por lo que se creará una realidad alterna alrededor de la familia en donde el reino narcisista será el reino de las apariencias.

IX
La droga narcisista, el suministro, y su resaca

Para entender cualquier sistema narcisista, se requiere entender que la madre enferma requiere suplemento narcisista (*su droga*) para **regularse**, es decir, un suministro que pueda abastecer la necesidad de ser adorado, querido y hasta muchas veces idolatrado, y con ello, ser capaz de regular una *válvula de presión neurótica* por así decirlo.

El proceso de regulación personal a través del suplemento narcisista funciona como si fuera una droga o un calmante, que, si no obtiene en tiempo y forma, presentará una *resaca narcisista (emotional withdrawals)* o un *desequilibrio en su personalidad.*

En el sistema de la madre narcisista, el suministro narcisista proviene de sus hijos más que de su esposo. Desde que la madre narcisista va creando un sistema de lealtades y recompensas, por lo general elije a un hijo, el hijo de oro. Mediante un sistema de manipulación, va creando un sistema de veneración que provoca que el niño de oro no pueda hacer su propia vida o generar una personalidad propia. El Golden Boy se queda a vivir con la madre narcisista incluso sacrificando sus propias relaciones de pareja, para cuidarla y satisfacer las necesidades de su madre. Se convierte en el suplemento narcisista de la madre.

Los demás hijos jugarán un papel importante en el juego de la proveeduría narcisista. Recordemos que la madre narcisista no sacrificará sus propias necesidades afectivas ante las necesidades de su esposo e hijos, convirtiendo el ambiente del sistema familiar en un sistema profundamente disfuncional, a pesar de que todos en el sistema familiar narcisista se empecinarán en proyectar una imagen de la familia perfecta.

El suplemento narcisista es un concepto introducido en la teoría psicoanalítica por Otto Fenichel (Greenberg, 2019) psicoanalista austriaco, para describir un tipo de admiración, apoyo interpersonal o sustento, extraído por un individuo de su entorno que se convierte en un elemento esencial para su autoestima. En este sentido, siguiendo la definición del autor, el narcisista necesita que una persona se convierta en su suplemento, en su fuente de suministro, en su droga emocional, misma que le aportará aquello que ella misma no puede darse. Esta fuente de suministro se convierte en una extensión de la madre, como si fuera parte de ella.

Por esta razón, no existe un límite entre «*la persona*» del narcisista y «*la persona*» del suplemento, es decir, el narcisista da por hecho que su suplemento tiene que sentir, pensar y actuar como él, pues el suplemento no tiene identidad propia, sino que está ahí para complacerle en todo momento.

El narcisista busca un suplemento para regular su baja autoestima como una forma de sostener "*la persona*". Por lo tanto, necesita continuamente reafirmar la máscara que se ha creado: su grandeza, su superioridad, su carácter único y especial. En realidad, debajo de esa máscara se encuentra alguien inseguro, con baja autoestima y que necesita a otra persona como sustento, que, en este caso, serán los hijos los que sean el sustento emocional de la madre (Mayo Clinic, 2018).

El suplemento narcisista en ocasiones no es consciente de lo que le ocurre, es más, no tiene ni idea de que se ha convertido en un suplemento. Aquí se genera un gran debate y tema de discusión. ¿En qué momento los suplementos narcisistas de la madre son responsables de sus acciones?, o, dicho en otras palabras, ¿en qué porcentaje los changos voladores o los *emotional suppliers* son responsables de sus actos?

Desde mi punto de vista, esta encrucijada es la misma que se presenta en situaciones de personas que han nacido en sistemas de adoctrinamiento psicológico bajo la influencia de religiones o sectas, que crean *entes* adormilados que solo siguen instrucciones dictadas por el líder supremo de la secta. Por ello, al tratar el tema de los changos voladores es justo y necesario entender que, en gran medida, son víctimas de una patología que dominó su psique desde que fueron criados en el sistema narcisista a muy temprana edad. Al igual que la madre, víctima de la patología, los seguidores o changos voladores se convierten en víctimas de ésta, transformándose en suplemento narcisista de forma inconsciente.

Sin embargo, cuando los hijos-changos voladores son confrontados tarde o temprano con su propia realidad, ya sea por su propia consciencia o por que fueron expuestos a la realidad de la patología existente en el sistema, si deciden permanecer en el mismo, se convierten en corresponsables y cómplices de la madre, victimarios sobre ellos mismos y sobre los demás, pero ya no más víctimas de un sistema. En el caso del esposo de la madre narcisista, el peso de la responsabilidad será mucho mayor, pues este, aunque de una forma víctima del sistema, se convirtió en parte del mismo cuando ya era un adulto.

X
El arquetipo de la madre devoradora & "The Mother Complex"

Para entender el arquetipo de la madre devoradora, es necesario entender primero qué es un arquetipo en el área del estudio de la psicología (Cherry, 2020).

"Carl Gustav Jung, psiquiatra, psicólogo y ensayista suizo entendió los arquetipos como patrones e imágenes arcaicas universales que derivan de lo inconsciente colectivo y son la contraparte psíquica del instinto. Son potenciales heredados que se actualizan cuando entran como imágenes en la consciencia o se manifiestan en el

comportamiento en la interacción con el mundo exterior. Son formas autónomas y encubiertas que se transforman una vez que acceden a la consciencia y se les da una expresión particular por parte de los individuos y sus culturas. En psicología analítica, los arquetipos son elementos altamente desarrollados de lo inconsciente colectivo. La existencia de arquetipos solo puede deducirse indirectamente mediante el uso de relatos, arte, mitos, religiones o sueños (Jung, 1952).

"El arquetipo de la madre devoradora es uno que puede describirse como una mujer que ama egoístamente a sus hijos, "protegiéndolos" del mundo real hasta tal punto que se convierten en bebés permanentes, salas incompetentes de la madre para toda la vida. (La madre devoradora) solo ama cuando sus hijos hacen lo que quiere, y es odiosa, cruel e incluso homicida cuando no lo hacen".

De acuerdo diversos ensayos y escritos que hacen referencia a los arquetipos de la imagen de la madre existen tres tipos de Matriarca: La Madre Devoradora, La Reyna de Hielo y la Diosa Benevolente.

El arquetipo de la Madre devoradora presenta un miedo interno para no quedar sola en este mundo, lo que la lleva muchas veces a violentar la libertad de sus hijos. Su esposo o pareja, es simplemente un producto para procrear hijos que estarán a su lado para toda la vida, ejerciendo un control autoritario y absoluto y creando una relación parasítica de psico dependencia. Utiliza personalidades muchas veces arquetípicas como una especie de *femme fatale* mostrada en las películas de Hollywood o en muchos libros e historietas. Así como la *femme fatale*, el arquetipo de la madre devoradora se muestra astuta, sagaz, manipuladora y ultimadamente homicida.

El arquetipo de la Reyna de hielo es una ambiguación de la Madre Devoradora, la *femme fatale* o la *Mata Hari*, ésta última una versión arquetípica de la madre narcisista somática. Este arquetipo se basa en la madre con un corazón de hielo, fría en su interior con una necesidad de atrapar a niños inocentes mediante la promesa de dulces o carnes frías, con el único propósito de saciar sus ansias de llenar su soledad y corazón sin amor.

Por último, el arquetipo de la Diosa Benevolente es la madre reivindicada, que pudo ser incluso una prostituta, pero con corazón de oro, que evolucionó probablemente de alguno de los dos tipos de arquetipos anteriores para convertirse en la matriarca evolucionada, sabia y buena. Como ya trascendió, es la madre que en un momento fue devoradora o de hielo, y que ahora solo tiene perdón y se muestra benevolente ante los que la trataron mal. Ahora, se presenta incluso ante parientes y personas que en su momento supieron de su pasado, como una sabia fuente de amor y de perdón. Adopta el papel de madre de todos, es atlética como Atenea pero sensual como Afrodita, cómoda con su sexualidad tanto masculina fuerte, y femenina sensual y bondadosa. Ha encontrado el equilibrio perfecto entre dar y recibir, trascendiendo a lo económico.

Estas tres formas de arquetipos coloquiales nos ayudan a entender que la madre devoradora se encuentra inter-ligada frontalmente con la madre narcisista. Es con el arquetipo de la madre devoradora con el cuál la madre narcisista se encuentra en congruencia sintónica. Los otros dos arquetipos mencionados en este capítulo nos sirven de contraste para entender al arquetipo de la madre devoradora, y, por ende, a la psicología de la Madre Narcisista.

En el centro del arquetipo de la Madre Devoradora se encuentran dos fuerzas en constante lucha, la luz y la oscuridad del alma. Este binomio de fuerzas sumamente polarizado en el caso de la madre devoradora provoca una constante neurosis, por un lado y de forma frontal se presenta una **fuerza amorosa por sus hijos,** y por otro, una **fuerza perversa, devoradora y posesiva** hacia ellos. Por ello, muchos psicólogos como Carl Jung describen el Mother Complex o Complejo Maternal como un complejo en el que en ocasiones puede provocar en los hijos homosexualidad o síndrome de Don Juan. En el niño homosexual, su vida sexual está intrínsecamente ligada a la madre mediante un inconsciente lazo madre-hijo. En el aspecto del *Don Juanismo* el hijo busca a la madre en todas las mujeres que conoce (Jung, 1952).

Con relación al concepto de *"alma"* postulado por C. Jung, el complejo materno de un hombre está influenciado por el complejo contrasexual, el ánima. En la medida en que un hombre establece una buena relación con su mujer interior (en lugar de ser poseída por ella), incluso un complejo materno negativo puede tener efectos positivos. El hijo de la madre narcisista puede tener un Eros finamente diferenciado en lugar de, o además de, la homosexualidad (Luton, 2020).

> *"... Esto le da una gran capacidad de amistad, que a menudo crea lazos de asombrosa ternura entre los hombres e incluso puede rescatar la amistad entre los sexos del limbo de lo imposible. ..."*
> *(Luton, 2020)*

> *"Del mismo modo, lo que en su aspecto negativo es el donjuanismo, este puede parecer positivamente una virilidad valiente y resuelta; esfuerzo ambicioso tras los más altos objetivos;*

oposición a toda estupidez, estrechez mental, injusticia y pereza; voluntad de hacer sacrificios por lo que se considera correcto, a veces bordeando el heroísmo; perseverancia, inflexibilidad y dureza de voluntad; una curiosidad que no se encoge ni siquiera de los enigmas del universo; y finalmente, un espíritu revolucionario que se esfuerza por darle una nueva cara al mundo" (Luton, 2020).

En el corazón del Complejo Materno de acuerdo con Jung (Luton, 2020) se encuentran los arquetipos duales opuestos: La Madre Negativa y la Madre Positiva. Si utilizamos los tres arquetipos comentados en este capítulo, y utilizando las propuestas expuestas por Carl Jung, estarían la Madre Devoradora por un lado y por otro lado la Diosa Benevolente. Esto se da tanto para los hijos varones como para las hijas de la madre.

XI
Posible causa-origen del arquetipo de la Matriarca Mexicana Narcisista

A pesar de que el Trastorno Narcisista de la Personalidad no tiene cura, sí existe algún tipo de tratamiento ante el trastorno. Las personalidades narcisistas parecen haber aumentado en los últimos años tan rápidamente como una pandemia. La búsqueda de reconocimiento constante se ha convertido en una característica definitoria de las nuevas generaciones, las selfies, las redes sociales, la búsqueda de reconocimiento constante, la mentalidad de premiar y ser premiados todo el tiempo, entre otros factores, está creando una sociedad propicia para generar cada vez más psicópatas integrados y narcisistas encubiertos. Existen innumerables estudios que abarcan este fenómeno.

Como ya definimos en varios de los capítulos de este libro, el narcisista es incapaz de empatizar con las necesidades de los demás, buscando la propia gratificación de una imagen personal deformada y la incapacidad de interiorizar para encontrar una imagen de sí mismo. Existen varios tipos de narcisistas, pero en este caso en particular, hemos tratado el sistema narcisista matriarcal o el Trastorno Narcisista de la Personalidad en la madre, caracterizado por falta de empatía hacia sus hijos, aires de grandeza y una búsqueda crónica de admiración y constante validación.

De acuerdo con varios autores, la avaricia y la vanidad son las características que forman su núcleo central.

Muchos expertos en psicología explican que todas las personas tienen un componente narcisista arraigado en su personalidad. El *narcisismo saludable* es parte innata del ser humano, y es una etapa clave del desarrollo para adolescentes y adultos jóvenes. Tiene que ver directamente con la autoestima, pero, cuando el narcisismo comienza a interferir en su vida diaria y con el trabajo, y éste se vuelve disfuncional, ese rasgo se convierte en un problema que puede derivar en un trastorno de la personalidad, es decir una enfermedad mental.

La madre narcisista creerá genuinamente que son únicas, que tienen derecho a un tratamiento especial y tienen una necesidad irrefrenable de admiración y validación a cualquier costo. La madre narcisista buscará suplemento narcisista sobre todo de los hijos, es decir, buscará la atención constante de los hijos a cualquier costo, incluso si estos tienen que renunciar a sus propios proyectos de vida.

El problema con la madre narcisista estriba, sobre todo, en el momento cuando sus hijos crecen y comienzan la búsqueda de desarrollo personal. Es justo en este momento cuando en la madre se produce una necesidad compulsiva de perpetuar el control y la fuente de admiración que los hijos proporcionaban a la madre cuando estos eran pequeños. Cuando se presenta la adolescencia en los hijos, la madre narcisista entra en un estado egocéntrico psicopatológico, durante el cual tratará de perpetuar el control, con el fin de que sus hijos continúen siendo un reflejo de ella misma, y para recibir el suplemento narcisista que sus niños proporcionaban a la madre en su etapa edípica. Cuando llega la edad preadolescente en los hijos, la madre tratará de seguir moldeándolos, pero se encontrará en algunos casos, con una natural resistencia de algunos de sus hijos por tomar control de sus personalidades y de su independencia, lo que será un choque de trenes entre la madre y los hijos que se resistan a ser controlados por ella. Esta etapa es crítica para la madre narcisista, quien detectará de forma inmediata quiénes de sus hijos se convertirán en sus chivos expiatorios.

Para la madre narcisista en muchas ocasiones, el miedo a la pérdida de la fuente de adoración y amor por parte de sus hijos puede ser brutalmente doloroso. La obsesión por retener a sus hijos a toda costa puede ser un factor de enorme dolor emocional y un desgarramiento interior, por lo que la madre narcisista podrá justificar a toda costa, retener a sus hijos sin importar que el propio desarrollo de estos se vea trastocado y convulsionado.

"El impacto de ser criado por un narcisista aún no está bien estudiado a nivel individual y se ha indagado menos todavía a una escala social. Campbell ha escrito más de 100 artículos científicos y tres libros sobre la epidemia de narcisismo, pero admitió que la crianza de los hijos es un agujero enorme en una comprensión científica más concreta del problema. Rara vez estudiamos el narcisismo de los padres y luego predecimos lo que les pasará a los niños, dijo. Sin embargo, esta falta de investigación formal no significa que no existan ya muchas teorías elaboradas" (Allard, 2017).

"Una cosa que puede producirse con padres narcisistas es que usen a sus hijos como un camino para el auto progreso", explica Campbell (Allard, 2017).

Algunos padres narcisistas -particularmente cuando el padre es el narcisista y no la madre- como lo indica Allard (2017) con referencia a Campbell, tienen grandes expectativas de sus hijos. Empujan a sus hijos a sobresalir en los deportes, que les vaya muy bien en la escuela, asistan a las universidades de élite y sigan carreras importantes. Los padres narcisistas creen que sus hijos son especiales y que por eso merecen oportunidades especiales y privilegios. En otras palabras, solo toleran, nada menos, que la perfección. Los narcisistas ven a sus hijos como parte de ellos mismos como si fuera una parte de su cuerpo según los estudios realizados por la Dra. Ramani Durvasula, y cuando sus hijos no logran los objetivos que les extienden, retiran su afecto y se desconectan. Cuando los padres narcisistas no encuentran validación en los niños se distancian. "Es como si todos los pecados capitales se acumularan en una sola persona", dice Durvasula (Allard, 2017).

Los niños, a tan corta edad, no están preparados para manejar esa desconexión de sus cuidadores primarios. Necesitan padres que sean consistentes, estén disponibles y sean incondicionales, principalmente para poder formar **apegos seguros**. En la adultez, las personas confían en estos apegos seguros formados en la infancia para dictar cómo se relacionan con los demás, con sí mismo e incluso con situaciones externas, de ahí radica su importancia. Cuando la formación de esa unión segura se interrumpe, el impacto puede perdurar toda la vida.

Los padres narcisistas engendran niños con toda una serie de problemas psicológicos según lo expresado por la Dra. Durvasula. Estos problemas incluyen tasas más altas que la media de depresión y ansiedad, falta de autorregulación, trastornos alimenticios, baja autoestima, un sentido alterado de sí mismo, extremo perfeccionismo y hasta abuso de sustancias (Allard, 2017).

Allard (2017) menciona que los millennials no son culpables del crecimiento del narcisismo, a pesar de toda la atención que demandan. Este crecimiento tiene sus raíces en los albores del movimiento del individualismo en el siglo XX, que ahora la tecnología dominó y lo convirtió en una forma de vida. Los consumidores esperan una experiencia de compra adaptada a sus preferencias. Cada aspecto del mundo se centra en el individuo. "Incluso en lugares como Starbucks hay 30 mil maneras de tomar un café", explicó Campbell, "Esto nos hace sentir como individuos únicos, y especiales" de acuerdo con Campbell. Esta creencia fomenta el narcisismo. Cuando los investigadores de la Universidad de Princeton estudiaron las raíces del narcisismo en los niños, descubrieron que estaba determinada por la sobrevaloración constante de los padres hacia sus hijos. Los niños se volvieron narcisistas, al menos en parte, al interiorizar las ideas infladas de sus padres sobre ellos.

Si bien los estudiosos del tema alertan que no hay una fórmula simple para predecir quién se convertirá en un narcisista, o cómo un niño reaccionará a ser criado por uno, es importante tratar de erradicar ese método de crianza, que hasta ahora solo mostró consecuencias negativas. "Una cosa que puedo garantizarles es que los hijos de narcisistas estarán plagados de duda e inseguridad el resto de sus vidas y la gran pregunta es cómo se va a manifestar esto" (Allard, 2017).

En el caso de la madre narcisista en México, no existe todavía un estudio que determine cómo es que esta pandemia en el matriarcado narcisista en México se encuentra en innumerables familias. Durante el tiempo que me llevó escribir este libro, me encontré con un sinfín de historias en donde las madres matriarcas narcisistas abundaban en las anécdotas familiares, en los relatos de hijos de narcisistas que se acercaron para comentarme: "mi abuela era narcisista", "mi padre se convirtió en narcisista porque su madre lo embrujó", "en mi casa mi abuela era la matriarca, aunque mis tíos se comportaban como los machos de la familia".

Si bien la madre narcisista pudo haber sido criada con los rasgos, en un ambiente en donde la madre narcisista recibió una adulación constante y desbordada durante sus primeros años, no está nada claro cómo es que se volvió en la matriarca familiar narcisista en la etapa adulta en el caso de la cultura mexicana.

Considero que la tesis generada en este libro, acerca de que la abundancia de matriarcas narcisistas en México tiene una relación con la cultura del país, podría/debería ser valorada por expertos en antropología social. En México y en países de Latinoamérica existe una cultura de adoración y admiración por la figura materna, la "madrecita santa". Marta Lamas (1995) en su extraordinario artículo "Madrecita Santa", exploró cómo la mitificación de la madre mexicana ha tenido enormes consecuencias en la cultura mexicana. El mito de la madre mexicana ha sido abordado por Carlos Monsiváis, por Octavio Paz y hasta por Roger Bartra. Desde el *guadalupanismo* hasta la carrillera de la revolución mexicana, la madre ocupa un espacio central en la cultura mexicana. Como parte de la discusión y análisis de la madre santa, existe la posibilidad de que, como lo menciona Lamas (1995) al haber mitificado políticamente la imagen de la madre abnegada se haya creado una fuerza de contrapeso en el México de principios del siglo XX, que contrarrestara con la madrecita santa, provocando la creación del arquetipo moderno de la madre devoradora mexicana estilo María Félix, o la *Mata Hari Mexicana.*

Desde mi punto de vista, la matriarca mexicana es en sí misma es un arquetipo de la madre devoradora tropicalizado, enraizado profundamente en la cultura mexicana. La figura de la mujer devoradora mexicana ha sido entronizada, por ejemplo, por personajes caracterizados por María Félix o Sara García, mediante los cuales sus personalidades han sido no solo aceptadas, sino hasta idolatradas. Por lo anterior, puede ser que México haya sido un caldo de cultivo para la creación del arquetipo de la madre devoradora en México en el siglo XX y conforme pase el tiempo, podríamos encontrar muchos más casos de madres narcisistas en México ligados a un sistema matriarcal muy aceptado en nuestro país, que por una parte se ensalza, pero por otro lado continúa siendo un tabú.

XII
Postulación Hermenéutica del Trastorno Jocasta-Edipo-Clitenmestra en el sistema narcisista

Gustave Moreau (1864)

En el complejo edípico, el hijo Edipo asesina al Padre y se casa con la madre Yocasta, quién horrorizado, cuando se da cuenta que es su madre con quien procreó, comete suicidio.

En el escenario de la madre narcisista, como en el caso del personaje mitológico de Clitenmestra, la madre asesina al padre. En este escenario de la madre narcisista, se mezclan los complejos edípicos y el Mother Complex, dentro del cual el hijo no desarrolló un complejo de Edipo *primario*, es decir, no asesina al padre, sino que es la madre quién asesina al esposo tal como lo hizo Clitenmestra. El complejo de Edipo se genera de forma *secundaria*, provocado por la madre al asesinar al padre y enamorar al hijo. La madre mata al esposo, padre a su vez del hijo edípico *forzado*, para después *devorarlo* entre los dos.

La imagen del asesinato es presenciada por el resto de la familia. La figura fálica y jerárquica en la familia es destruida, arrebatada por la madre devoradora, y la cena se dispone para que el idilio de amor madre–hijo Edípico se produzca frente a los demás hijos que observan el horroroso festín.

Los hijos quedan casi indefensos y petrificados ante el asesinato del padre por la madre en complicidad directa con el hijo elegido (el hijo de oro o Edipo Rey), quién participa de manera sistémica en el asesinato. Años después, el hijo elegido al encontrarse frente a tal escenario de la madre asesina y como hijo cómplice, horrorizado por los años de abuso, vuelve la mirada al padre, con quién confabula para matar a la madre ya sea por acción o por omisión.

XIII
Probables causas del TNPM o Trastorno Narcisista de la Personalidad en la Madre o *Matriarcal*

A pesar de que hoy en día existen cada vez más estudios acerca de cómo se genera el TNP y cómo se alimenta dentro de las familias a través de generaciones, no existen muchas investigaciones que hayan profundizado sobre este tema. Existen varias teorías, una de las cuales se enfoca en el trato que recibió la madre narcisista durante su infancia.

Se estima que hasta el seis por ciento de la población de EE. UU. padece un trastorno narcisista de la personalidad, que es más común en los hombres y tiene sus raíces en la infancia. Extremadamente resistente al tratamiento, esta condición mental severa lleva a las personas afectadas a provocar caos en sus ambientes y dañando profundamente a otras personas.

Los niños pequeños son naturalmente egoístas, lo anterior es parte normal de su desarrollo y su objetivo es poder satisfacer sus necesidades básicas de supervivencia, sin que puedan comprender las necesidades y los deseos de otras personas. Luego, como adolescentes, los niños siguen siendo egoístas en su lucha por la independencia.

A diferencia del egocentrismo que debería disminuir gradualmente, los niños deben desarrollar niveles saludables y duraderos de autoestima para poder protegerse y cuidarse a sí mismos mientras se preocupan por los demás, resistir las influencias peligrosas y mantenerse conectados con la familia y la sociedad. Los niveles saludables de autoestima en los niños son directamente proporcionales a la percepción propia de que él es amado y dignamente aceptado como persona dentro del seno familiar y en la sociedad, por lo tanto, es este tipo de percepciones personales en el niño, los que crearán una resistencia mayor al maltrato, incluso si este proviene de la madre. En pocas palabras, la autoestima no es egocentrismo, pues no conduce a colocarse primero, en detrimento de las necesidades y derechos de otras personas.

El egocentrismo infantil típico debe cambiar para allanar el camino hacia la salud mental en la edad adulta. Para crecer y funcionar bien en las familias y la sociedad, los niños deben adquirir gradualmente la capacidad de ver los puntos de vista de otras personas y la empatía por el sufrimiento de otras personas. Por lo tanto, los niños sanos deberían mostrar gradualmente signos sinceros de preocuparse por el bienestar de los demás. No desarrollar empatía mientras creces es una señal de advertencia del desarrollo de un trastorno grave de la personalidad como adulto, incluido el tipo narcisista.

Además de mostrar falta de empatía con sus acciones, los preadolescentes narcisistas filtran la información y reaccionan sobre la base del ego. Sus acciones reflejan creencias grandiosas de superioridad y singularidad, así como su necesidad de admiración y adoración.

Los adolescentes narcisistas son arrogantes y están preocupados con fantasías de ilimitada importancia personal, éxito y poder, y exageran sus logros y popularidad. Explotan o aprovechan a las personas para su beneficio personal, incluida la alimentación de sus egos y, por lo tanto, requieren una admiración excesiva.

Los preadolescentes no están lo suficientemente desarrollados para manipular, y dado que los adolescentes suelen ser egocéntricos, los médicos son reacios a diagnosticar el trastorno narcisista de la personalidad antes de los 18 años. Sin embargo, es posible que se observe uno o más de estos signos de advertencia en los adolescentes que indican el riesgo de desarrollar narcisismo:

- Necesidad persistente de ganar sin importar quién esté herido
- Comportamientos de intimidación persistentes, como burlarse, amenazar o degradar a los demás
- La mentira persistente para beneficio propio
- Visión egoísta de una autoestima extraordinaria
- Preocupación por satisfacer las necesidades por sobre las necesidades de otras personas
- Actitudes con derecho a actuar como si merecieran un trato especial y obtener lo que quieran, sin importar las circunstancias
- Respuestas agresivas al ser criticado, agraviado o al molestarse
- Culpar repetidamente a otros
- Ser mucho más competitivo que cooperativo

Como padres de un preadolescente que muestra los rasgos anteriormente mencionados, podrá enfocarse en desarrollar los siguientes puntos que podrán contrarrestar un posible narcisismo temprano.

- Mostrar empatía
- Valorar rasgos de carácter como la honestidad y la amabilidad
- Desmotivar las actitudes prepotentes hacia los demás

- Limitar la avaricia en los hijos
- Insista en poner a otras personas primero de manera rutinaria, recordando que las acciones hablan más que las palabras
- Desarrollar una autoestima saludable
- Practicar la empatía y ponerse en los zapatos de los demás
- Promover las actitudes desinteresadas
- Limite los privilegios desmedidos en los preadolescentes
- Evite los castigos injustos y desmedidos
- Restrinja por completo la violencia verbal y física
- Muestre el amor incondicional como padre sin miedo a que lo vean como un signo de debilidad o vulnerabilidad
- Platique del mundo narcisista, frío y egocéntrico que se vive actualmente
- Practicar la autocrítica
- Practicar una humildad saludable y bien entendida
- Crear un sistema de recompensas justo y equilibrado
- Limitar el egoísmo y promover el acto de ayudar al prójimo

XIV
La triada Obscura de la madre narcisista

Existen muchos investigadores que han estado concentrando fuerzas para medir algunos rasgos característicos ligados al abuso, su prevención y su predicción. Estudiar y entender la Triada Obscura de la Personalidad sirve para medir rasgos que indican agresión o abuso en cualquier persona, y poder determinar si esa persona desarrollará, o ya tiene, los siguientes rasgos de la personalidad:

- **Narcisismo**. Un conjunto de acciones enfocadas a que la persona se sienta especial sobre los demás.
- **Psicopatía**. Un patrón de mentiras implacables y manipulación.
- **Maquiavelismo**. Un enfoque frío y ajedrecista de la vida y el amor.
- **Sadismo.** Una tendencia preocupante a deleitarse en el sufrimiento de los demás.

La madre narcisista podrá tener todos los rasgos anteriores en mayor o menor medida. En caso de detectar uno o varios factores predominantes en una persona mencionados anteriormente, sería el equivalente a tener un encuentro con Drácula.

De acuerdo con la revista especializada en psicología Psychology Today, el estudio de los rasgos de *Explotación y Sentirte merecedor (entitlement o sentirte con más derechos sobre los demás)*, han ayudado a predecir comportamientos de abuso escolar, comportamientos desagradables documentados, mentiras crónicas o incluso abuso físico. Sin embargo, cuando se trata de predecir agresividad, lo anterior se difumina matemáticamente en los modelos de predicción, debido a que se mezcla con la psicopatía y narcisismo, por lo que hace que esta relación de la Triada Psicopatía–Narcisismo sea tan peligrosa, y que las personas en la que estos dos rasgos se presentan con resultados o percentiles altos sean altamente destructivas. A estas personas se les llama usualmente Narcisistas Malignos (Banschick, 2013).

En el caso de la Triada Obscura de la Personalidad Narcisista Matriarcal *Maligna*, en donde la psicopatía y el narcisismo se encuentran en una misma persona, ello puede ser incluso todavía más perverso. Es como encontrar a Drácula en su versión Femenina.

Con lo anterior, podemos inducir que cuando el narcisismo de la madre se combina con una psicopatía, puede ser muy difícil de detectar, pues incluso en los modelos matemáticos de predicción de la personalidad, los números se pierden al tratar de medir el grado de agresividad en la madre. Cuando la madre presenta un rasgo como el de sadismo, las circunstancias se pueden complicar aún más. La madre narcisista sádica, es aquella que disfruta del dolor o de la tragedia en su hijo. Aunque parezca imposible de creer, la madre narcisista puede desarrollar sentimientos sádicos, sobre todo hacia los hijos que se fueron de manera temprana de sus redes, y que, por lo general, son los Chivos Expiatorios, rol mencionado en uno de los capítulos de este libro.

Es común que la madre narcisista promulgue algún tipo de comentario de placer al enterarse que el Chivo Expiatorio fracasó en alguno de sus proyectos de vida, especialmente ante los hijos que se quedaron sometidos en su sistema de abuso. Es una forma de mensaje oculto de decirle a los hijos que no volaron del nido: "Miren lo que les pasa a los que se van". Nadie que salga del sistema puede tener éxito.

XV
Secuelas en los miembros de la familia

Debido a que el abuso narcisista es un sistema de abuso continuo, se desarrollará entre los miembros de la familia lo que en la actualidad se le conoce y denomina el Síndrome de Estrés Post Traumático Complejo (PTSDC Post Traumatic Syndrome Disorder Complex).

La variación que existe entre el síndrome PTSD (Síndrome de Estrés Post Traumático *Simple*), y el PTSD-C o Complejo, se basa en que el segundo, se experimenta por un período largo de tiempo y crea una complejidad adicional, en contraste al que se produce por un evento traumático experimentado una sola vez o en un breve espacio de tiempo.

El Trastorno de Estrés Postraumático Complejo es un trastorno psicológico que ocurre como consecuencia de sufrir uno o varios traumas durante un periodo prolongado de tiempo, sobre todo durante la infancia, aunque también puede ocurrir durante la vida adulta. El PTSDC está relacionado con el abuso sexual, emocional y/o físico o con la negligencia durante la infancia, violencia en la pareja, víctimas de secuestro y situaciones de acoso, esclavitud, explotación laboral, prisioneros de guerra, bullying, supervivientes de campos de concentración, desertores de cultos u organizaciones en forma de cultos, situaciones que involucran cautiverio (una situación que carezca de una vía viable de salida o que la víctima lo perciba como tal). Todas estas situaciones anteriores pueden generar síntomas de PTSDC, los cuales incluyen sentimientos de terror, inutilidad, impotencia y una deformación en la propia identidad y del sentido del ser y de sí mismo.

El diagnóstico para el PTSD fue creado para tratar a adultos que habían sufrido un único trauma, como una violación, o una experiencia traumática durante la guerra. Sin embargo, no todos los seres humanos experimentan un trauma solamente una vez, o por un período muy breve de tiempo, sino que existen traumas prolongados bajo situaciones complejas de abuso por un período prolongado de tiempo, como el abuso de una madre narcisista.

Las personas que sufren un trauma crónico como maltrato o violencia familiar, además de otros traumas, pueden desarrollar síntomas diferentes a los provocados por PTSD *simple*. El diagnóstico del PTSD no tiene en cuenta cómo las etapas de desarrollo del niño pueden afectar al trauma y cómo el trauma puede afectar al desarrollo del niño. Hoy en día no hay un diagnóstico apropiado para esto, pero ya se ha sugerido utilizar el término *"developmental trauma disorder"*. Este tipo de trauma puede hacer que los niños desarrollen otro tipo de enfermedades físicas y mentales como serían las provocadas por un abuso psicológico prolongado por parte de la madre. Traumas repetitivos durante la infancia crean síntomas que difieren de los descritos en el PTSD "simple". Algunos especialistas como la Dra. Joan Cook (2020) describen síntomas y comportamientos característicos en siete dominios:

Apego- "problemas con los límites personales, falta de confianza, aislamiento, dificultad para percibir y responder a los estados de ánimo de las personas…"

Biología- "problemas en el desarrollo sensitivo-motor, dificultades de integración sensorial, somatización y aumento de problemas médicos"

Regulación emocional y del afecto- "pobre regulación emocional, dificultad para identificar y expresar emociones y estados internos, y dificultades para comunicar necesidades y deseos"

Disociación- "amnesia selectiva, despersonalización y desrealización"

Control del comportamiento- "problemas en el control de los impulsos, agresividad, problemas para tranquilizarse y problemas de sueño"

Cognitivo- "problemas de atención, problemas en una variedad de *funciones ejecutivas* tales como planificación, juicio, iniciación, uso de materiales y autocontrol, dificultad para procesar nueva información, dificultad para concentrarse y para completar tareas, poca constancia a la hora de cumplir con los objetivos propuestos, problemas con el pensamiento *causa-efecto*, y problemas en el desarrollo del lenguaje, como una brecha entre las habilidades de comunicación receptiva y expresiva"

Autoconcepto- "autobiografía narrativa fragmentada y desconectada, imagen corporal perturbada, baja autoestima, vergüenza excesiva, y modelos internos negativos del ser"

Los adultos con PTSDC a menudo han experimentado traumas repetitivos y durante un periodo prolongado en la infancia o en la edad adulta. La presencia del trauma a una edad temprana interrumpe el normal desarrollo del sentido de uno mismo y de los otros. Debido a que el daño emocional, sexual y/o físico o la negligencia fue infligida por figuras de apego como padres, hermanos y/o parientes cercanos, estos individuos pueden sentir que hay algo intrínsecamente malo en ellos y que no se puede confiar en nadie.

Esto puede resultar en estilos de relacionarse con los demás en la vida adulta descrito como apego inseguro. El diagnóstico para el trastorno disociativo y el PTSDC en el DSM-IV TR (2000) no incluía el apego inseguro como síntoma. Individuos con PTSDC también han demostrado perturbaciones en la personalidad con riesgo de revictimización.

Se pueden distinguir seis grupos de síntomas que han sido sugeridos para el diagnóstico del PTSDC:

- Alteraciones en la regulación del afecto y los impulsos
- Alteraciones en la atención y la conciencia
- Alteraciones en la percepción de uno mismo
- Alteraciones en las relaciones con otros
- Somatización
- Alteraciones en el sistema de valores

Experiencias en estas áreas pueden incluir:

- Dificultades para regular las emociones, incluyendo síntomas como la disforia persistente, ideación suicida, autolesionarse, furia explosiva o extremadamente inhibida (puede alternar entre ambas) sexualidad compulsiva o extremadamente inhibida (puede alternar).
- Variaciones en la conciencia, incluyendo amnesia selectiva (olvidar partes importantes del trauma), revivir experiencias (en forma de flashbacks, pensamientos o revivir las emociones sentidas durante el trauma), o sufrir de disociación.
- Cambios en la percepción de uno mismo, sentimientos crónicos de impotencia, vergüenza, culpa o estigma, y el sentirse completamente diferente de las demás personas.
- Cambios en la percepción del agresor, como el atribuirle un poder absoluto, preocuparse por su relación con el agresor, deseos de venganza, idealización o incluso gratitud, buscar aprobación en el agresor, sentir que se tiene una relación

especial con el agresor o aceptar la forma de pensar, los valores y la forma de racionalizar del agresor.

- Alteraciones en las relaciones con los otros, incluyendo aislamiento, desconfianza crónica, enfado y hostilidad hacia los otros, búsqueda repetida de un salvador, falta de relaciones íntimas e incapacidad para autoprotegerse.
- Falta o cambios en el sistema de valores, el cual incluye falta de fe o sentimientos de desamparo, impotencia, desesperanza y desesperación.
- Pérdida del sentimiento de realidad acompañado por sentimientos de terror y confusión (psicosis).

Dependiendo de los roles de los hijos en el sistema familiar, aparecerán secuelas de comportamiento específicas. Por ejemplo, será muy común el *servilismo* con el que tratará el hijo de oro a las demás personas, familiares, amigos, etc., y aunque este *servilismo* podrá ser detectado en los demás miembros de la familia que no pudieron dejar el sistema familiar narcisista, será catalogado como una actitud noble y desinteresada.

La madre narcisista educó a sus hijos a servirle de manera constante, por lo que los hijos adoptarán este tipo de <u>personalidades serviciales</u> fuera del sistema familiar narcisista, ya que estarán en constante búsqueda de la admiración y aceptación que no encontraron en sus hogares.

Los hijos de la madre narcisista adoptarán uno o varios rasgos de la madre, desde la importancia que le dan a la imagen personal en la sociedad, hasta personalidades manipuladoras y egocéntricas. La herencia de uno o varios rasgos de la madre podrán ser evidentes en los hijos que no lograron salir del sistema de abuso psicológico de la madre.

La falta de carácter y poca visión para tomar decisiones por cuenta propia es uno de los rasgos más comunes en los miembros que están atados al sistema familiar. Otros rasgos estarán presentes en la personalidad de otros miembros de la familia, como por ejemplo en el caso de los chivos expiatorios, estará presente una desconfianza hacia los demás combinado con una falta de astucia para detectar a otros perpetradores fuera del sistema familiar.

Uno de los síntomas presentes en los hijos, es la presencia de una gran expectativa de que un día la madre cambie. Esto crea una psico dependencia constante al tratar de que la madre evolucione y de que un día de la noche a la mañana la madre pueda mostrar un profundo y sincero cambio de actitud y que pare el abuso y el caos emocional. Eso no sucederá.

A manera de resumen, se enlistan algunos síntomas generalizados presentes en los hijos de madres narcisistas:

- Presentar sentimientos de angustia
- Propensión al autosabotaje y al auto abandono
- Promiscuidad y descuido personal
- Incapacidad para enfrentar soledad o abandono
- Incapacidad para aceptar halagos
- Depresión y pensamientos suicidas
- Presentar uno o varios de los rasgos del Trastorno Narcisista de la Personalidad, sin tener la patología presente
- Grandes conquistadores de metas, o completamente alejados de logros y conquistas personales
- Incapaces de reconocer a perpetradores o a otros narcisistas
- Desconexión entre pensamientos y los propios sentimientos
- Adicciones de toda clase
- Pérdida de religiosidad o espiritualidad
- Desconfianza constante ante los demás
- Incapacidad de confiar en el esposo o esposa

- Atracción compulsiva hacia relaciones nocivas o dañinas
- Incapacidad de ser asertivos en la vida diaria
- Falta de confianza en sí mismo
- Baja autoestima
- Incapacidad de poner límites a la madre o a los demás
- Perfeccionistas o *aplazadores* de metas

XVI
¿El fin del sistema muere con la madre?

El sistema es hereditario en el nivel subconsciente y tiene rasgos muy particulares en la segunda y tercera generación y se requiere de atención médica por expertos de la salud mental. Además, es hereditario mediante los procesos sistémicos heredados de generación en generación a manera de aprendizaje. Es imperativo que se busque la ayuda profesional necesaria para poder tratar las consecuencias que generan un sistema familiar narcisista.

Las madres narcisistas por lo general, de acuerdo con algunas estadísticas y artículos, sugieren que pueden sufrir de manera muy común, muerte de cama, es decir, que sus últimos años los pasan siendo atendidas por la familia o por uno de los hijos debido a las enfermedades que requieren un cuidado especial. Existen muchos artículos que analizan esta situación, pero algunos sugieren que la madre narcisista buscará, hasta sus últimos años de vida, ser atendida por el sistema narcisista.

Si el problema del sistema narcisista en la familia fue perpetuado por uno o más hijos de la madre narcisista, de acuerdo los especialistas, el sistema se perpetúa, es decir, se hereda, y es altamente probable que una de las hijas, o alguno de los hijos varones, tomen el papel de narcisistas como el nuevo sociópata integrado en el sistema familiar.

XVII
El camino a la sanación personal. ¿Cómo salir del sistema?

Es importante destacar que sí existe un camino de sanación personal para entender, aliviar, sanar y superar a una madre narcisista y al sistema familiar narcisista que ella creó.

A pesar de que el tema de los padres narcisistas ha sido poco estudiado en todo el mundo, y existe un abismo enorme en el conocimiento, tratamiento y detección de sistemas narcisistas matriarcales en países como México en donde se venera a la madre como la matriarca del sistema familiar mexicano, la apertura para comenzar a plantear la posibilidad de que las madres también enferman de trastornos de la personalidad, está ayudando enormemente a que las personas entiendan y detecten dichos trastornos incrustados en los sistemas familiares.

Este último capítulo trata acerca de cómo escapar de un sistema familiar narcisista y una vez fuera de este, cómo sanar del mismo. Es importante conceptualizar que de un sistema narcisista matriarcal no se sale, se escapa. Las fuerzas gravitacionales que existen, especialmente en un sistema matriarcal narcisista, son sumamente poderosas pues están ligadas a la madre, fuente incondicional de amor. Si tú estás en una relación con un narcisista, tú de alguna forma o aceptaste o elegiste al narcisista. En el caso de la madre narcisista, fuiste engendrado por ella. Esta unión con la madre narcisista es *in eternum*, estarás ligado a ella por toda la eternidad, es más, para cuestiones de sanación, es imperativo aceptar que estuviste destinado a estar ligado a tu madre por toda la eternidad desde tu concepción.

Podemos afirmar que sí existe una forma de escapar del sistema familiar narcisista. Para poder sanar una herida, se tiene que aceptar primero que la herida existe. No hay camino a la sanación personal sin que exista un profundo reconocimiento de la perpetración. Por otro lado, se requiere nombrar y reconocer al perpetrador. Se requiere aceptar que existe o existió un perpetrador, que, en este caso, fue o sigue siendo la madre.

A pesar de que se podría comenzar a pensar que lo expresado en el párrafo anterior es la parte más fácil del proceso de sanación, resulta ser que, en la mayoría de los casos, es la más complicada. Reconocer que la Madre Narcisista fue victimaria y perpetradora dentro de los sistemas familiares es muy complejo, y cuando el sistema en el que se educó a los hijos de la madre narcisista es o fue sumamente conservador, en el cual nunca se critica a la madre, resulta casi imposible. La madre es fuente de sabiduría y respeto profundo absoluto en sistemas matriarcales.

Antes de comenzar a leer respecto a los pasos que se sugiere seguir para comenzar una senda de sanación personal, es necesario identificar si tu vida está en peligro, y en ese caso deberías contactar a las autoridades sin importar si el abuso viene de un familiar o de cualquier otra persona. Tu vida es más importante que cualquier relación ya sea familiar o no. Para los sistemas narcisistas en dónde tu vida o integridad personal no corren peligro, podrás leer a continuación algunos pasos para comenzar un camino personal de sanación, que, aunque largo, cambiará tu vida.

Se proponen los siguientes pasos para poder escapar del sistema, sanar, y vivir una vida libre de perpetradores:

I.   ESTUDIAR ACERCA DEL SISTEMA MATRIARCAL NARCISISTA

a. Entender y estudiar los sistemas narcisistas y cómo funcionan.
b. Observar analíticamente para detectar si tu madre tiene verdaderamente un trastorno.
c. Solicitar apoyo y ayuda de un experto para asesorarte y/o encontrar una madre subrogada.

II.   RECONOCIMIENTO

a. Detectar el abuso narcisista y evaluar el daño y reconocer el sistema familiar abusivo y los diferentes roles.
b. Reconocer que fuiste abusado por tu madre y por los miembros del sistema.

III.   LÍMITES

a. Comenzar a poner límites de forma inmediata.

IV.   SALIDA DEL SISTEMA

a. Crear un plan para alejarte del sistema de abuso.
b. Comprender a la madre narcisista y entender que tiene un trastorno.
c. Prepararte para las emociones que se van a experimentar al descubrir el trastorno y el sistema familiar narcisista: Duelo y Pérdida, Impacto o shock, Enojo, Tristeza y Depresión.
d. Prepararte para las emociones que se presentarán después de alejarse del sistema: Ansiedad, miedo, paranoia, vergüenza, PTSDC.

V.   PERDÓN

a. Perdonar.
b. Reclamar tu propia identidad como persona.
c. Perdonarte.
d. Encontrar a alguien de confianza con quien hablar de tu experiencia.
e. Entender que la madre narcisista nunca reconocerá sus errores y que los miembros del sistema narcisista es

probable que siempre tratarán de sabotear a los miembros que rechacen el abuso, incluso cuando ya no estén cerca del sistema.

f. Acudir a la terapia psicológica por el tiempo que sea necesario.

I. ESTUDIAR ACERCA DEL SISTEMA MATRIARCAL NARCISISTA

Hoy en día existen cada vez más textos, artículos, libros y videos que hablan del TNP. Como lo comentamos al inicio del libro, existe muchísima más literatura en inglés, que la encontrada en el idioma español, sin embargo, existen cada vez más autores que hablan del TNP.

El tema es profundamente complejo y apenas hace 50 años aproximadamente, se comenzó a aceptar como un trastorno mental. Sin duda Sigmund Freud fue uno de los principales psicólogos en hablar, estudiar y escribir acerca del TNP. "On Narcissism: An Introduction" escrito por Freud y publicado en 1914, Freud presenta una parte de su teoría del narcisismo, la que se refiere al amor objetal. El amor que un infante posee está dirigido a sí mismo, y conforme crece, este amor lo transfiere a otras personas u objetos, lo que ayuda a disminuir un narcisismo primario (saludable). En este proceso de "transferencia de amor" se requiere amor y afecto en retorno para que la transferencia de amor objetal se logre de forma saludable. En caso de que esta transferencia de narcisismo saludable primario no logre recibir a cambio amor y afecto, el niño se vuelca en sí mismo por lo que se provoca un narcisismo secundario enfermizo, enfocándose en sí mismo y la idealización del yo. En otras palabras, si el infante no recibió el amor incondicional requerido en la transferencia del amor a sí mismo a otras personas, entonces el niño interiorizará la imagen *"idealística"* de sí mismo, la cual quedará dañada en su interior como una imagen adorada por el mismo niño, lo que podría ser la causa temprana de un narcisismo no saludable (Freud, 1914).

No es necesario entender a profundidad la enfermedad desde el punto de vista clínico para poder salir del sistema, pero será de gran utilidad leer tanto como se pueda acerca del TNP. En consecuencia, se recomienda leer acerca de los roles y sistemas familiares narcisistas. Este libro puede ser de gran utilidad, pero existen en la web innumerables sitios profesionales que hablan de este tema. Recomendamos comenzar con sitios como el de Mayo Clinic y la revista en línea como Psychology Today. En YouTube pueden consultar el sitio de la Dra. Durvasula Ramani: (DoctorRamanDurvasula).

Tendrás que convertirte en un terapeuta observador desde el primer momento. Se recomienda no reaccionar ante esta nueva situación. Conforme vayas observando con nuevos lentes tu nueva realidad, sentirás un impulso enorme de confrontar el sistema y a tu madre, pero los expertos en narcisismo recomiendan no reaccionar, y menos confrontara nadie en esta primera etapa de observación. Deberás tener una disciplina enorme para comenzar a no ser controlado por tu madre, por los changos voladores y por todas las estrategias utilizadas por tu madre y por tu familia. Toma nota si es necesario, para que las puedas analizar con un profesional más adelante, pero sin que tomar notas signifique provocar a los demás y menos a tu madre.

Tendrás que considerar en todo momento que estás frente a un sistema enfermizo, el cual puede crear una enorme cantidad de psicosis y toxicidad. Si estás frente a un sistema maternal narcisista maligno, es posible que incluso tu vida pueda correr peligro. Se debe actuar tan profesional y prudentemente posible ante el sistema familiar narcisista. Durvasula (2020) recomienda utilizar el método de la piedra gris, que al igual que una piedra gris en un río ve pasar la vida y el agua del río, así veas pasar al sistema, como una piedra gris, sin reacciones ni interacciones. En lo personal, encontré esta técnica como una de las mejores técnicas utilizadas como defensa personal ante los narcisistas.

Para poder salir del sistema de forma más rápida y saludable recomendamos enormemente acudir con un profesional de la salud mental, y si está especializado en trastornos narcisistas, mucho mejor. Algunos especialistas de la salud mental aconsejan encontrar a una madre subrogada que pueda apoyarte, adoptarte de alguna forma, para que puedas realizar la transición de psico dependencia de tu madre a una vida sin dependencias emocionales o psicológicas.

Un pariente, un amigo, o cualquier persona que te pueda validar y creer tu historia, y no valide la historia que los changos voladores o tu propia madre han dicho de ti al calumniar tu personalidad, será una gran bendición.

II.   RECONOCIMIENTO

Una vez que observaste el sistema, estudiaste las actitudes y características del comportamiento de tu madre y tu sistema familiar narcisista, comenzarás un camino lleno de entendimiento que será a veces muy abrumador. Comenzarás a descubrir los roles de cada uno de los miembros de la familia. Es el momento de comenzar a aceptar el abuso que sufriste por años y a ver qué tan dañada está tu persona, tu vida y cuánto has perdido en el camino. Será un tiempo iluminado por una sensación de gozo, pero marcado por un profundo duelo y tristeza por lo que estás viendo en ti y en tu familia.

Es posible que entres incluso a una etapa en "modo" negación, pero será normal. Incluso, es posible que quieras "tirar la toalla" y olvidarte de todo y seguir sin hacer olas, sin provocar problemas, sin querer luchar en contra del sistema. Es totalmente normal. Es por ello muy importante que antes de comenzar esta etapa, cuentes con alguien que te escuche y apoye. La lucha, podría llegar a durar meses o años. Con ayuda profesional podrás evaluar qué tanto daño existe en ti, y podrás sanar de forma más rápida.

La resistencia que cualquier hijo presenta ante el proceso de reconocer que su madre abusó de ellos, es uno de los más complejos y difíciles que se pueden encontrar en el proceso de sanación. Es importante también reconocer que el resto de la familia te hirió, se hirieron a sí mismos, e hirieron los lazos familiares saludables que unían a cada uno de los miembros. Más adelante, cuando se aborde el tema del perdón, encontrarás varias formas de sanar que están relacionadas directamente al reconocimiento del abuso como una de las indispensables herramientas para sanar y salir del sistema de abuso.

Es también importante reconocer si fuiste parte del abuso o abusaste de otros miembros de la familia pues tal vez, sin darte cuenta, fuiste usado por tu madre como chango volador.

Si caíste en este juego y fuiste copartícipe del abuso, tendrás que hacer un doble trabajo para reconocer, corregir y remediar el daño que hayas provocado.

III.   **LÍMITES**

Deberás comenzar a establecer límites y fronteras con tu madre y con todos los miembros del sistema. Para poder tomar tu vida de regreso, tendrás que comenzar a pararte frente al sistema y no permitir ningún abuso más. Lo anterior no significa enfurecerte, gritar, reclamar o crear caos, por el contrario, deberás comenzar a poner límites tratando de no crear más caos del que ya existe en el sistema. Es complicado, pero sí es posible.

"Las personas que creen que tienen la facultad de ejercer cierto grado de control sobre sus vidas son más saludables– [más eficaces y exitosas] – que aquellas que no tienen fe en su capacidad para llevar a cabo cambios en sus vidas" (Albert Bandura)

Tendrás que usar toda tu inteligencia, astucia y paciencia que tengas para poder navegar por las aguas de los límites hacia la madre narcisista. SIEMPRE y en todos los casos de TNPM tu madre reaccionará mostrando toda su rabia y sus técnicas narcisistas para lograr imponer miedo o intimidarte. Debes tener un plan B en caso de que tu madre reaccione de manera violenta o caótica (ten por seguro que lo hará), para que puedas atravesar esta etapa. Es importante que la persona o personas a quienes te hayas acercado para solicitar ayuda, puedan estar listas para brindarte apoyo.

Una vez que estés listo para huir del sistema de abuso, se requiere un plan C. Esto puede llevar meses en algunos casos, ya que, si vives con tus padres, deberás planear tu independencia. Desgraciadamente en la mayoría de los casos, los hijos huyen del sistema de abusos sin tener un plan y acaban en peores situaciones de abuso y termina siendo la medicina más cara que la enfermedad.

Debes comenzar a planear esta transición de manera consciente y lo más inteligente posible para que no caigas en manos de otro narcisista. Recuerda que los hijos de una madre narcisista son un imán para otros narcisistas o depredadores.

Es muy importante entender que estás frente a una enfermedad, como el alcoholismo, la esquizofrenia, etc. Por lo anterior será fundamental que todo lo que pienses, hables y hagas después de haber caído en la cuenta de que tu madre está enferma de un trastorno de la personalidad, sea lo más impecable posible. De aquí dependerá qué tan rápido puedas salir del sistema de manera saludable.

"El gran descubrimiento de mi generación es que los seres humanos pueden alterar sus vidas al alterar sus actitudes mentales" (William James)

Experimentarás duelo y pérdida, impacto o shock, enojo, tristeza y depresión en alguna de las diferentes etapas por las que vas a atravesar. Primero que nada, no te asustes, es normal y esperado. Acércate a la persona o personas que te han apoyado o a las que comenzaste a solicitar ayuda al comienzo de tu proceso para poder retirarte del sistema de abuso.

V.   **EL PERDÓN**

Una vez que lograste salir del sistema, viene el tema del perdón, que no significa necesariamente el acercamiento o la reconciliación con el sistema.

"En la medida que decidas perdonar, en esa misma medida sanarás. Si decides perdonar totalmente, sanaras totalmente"

El principio de reciprocidad existe más allá de la comprensión de los sistemas familiares no funcionales. Es la ley de causa y efecto, es el recibir lo que das. Lo pongas como lo pongas, existe una relación proporcional inversa a lo que tú decidas lograr contigo mismo.

"La caridad es la única virtud que precisa de la injusticia." (Jaume Perich)

Si decides perdonar totalmente, sanaras totalmente. Eso no significa que no pongas límites, no significa tampoco permitir el abuso, y no significa que continúes pegado a los sistemas familiares que te hacen daño y que son injustos, de lo contrario, sería la caridad mal entendida. Se han escrito miles de libros que hablan del perdón y de la caridad al prójimo, y no pretendo realizar un ensayo acerca de ello, ya que existen un sinnúmero de acepciones y concepciones respecto al tema.

Por ejemplo, si te golpean en una mejilla, bajo el viejo precepto mal entendido de La Biblia, deberías dar la otra mejilla y agachar la cabeza. Es obvio que mucho se ha des conceptualizado el precepto y ha creado mucha, muchísima confusión sobre cómo actuar ante los abusos y acciones perpetrados contra las víctimas. No pretendo cambiar o debatir sobre ningún teorema o concepción, sin embargo, hoy en día, la propia Iglesia Católica ha hecho algunas aclaraciones al respecto y para ello se han escrito enumerarles y valiosísimas encíclicas y documentos.

Para fines del camino a la sanación del abuso psicológico por parte de la madre narcisista, se requiere aceptar que perdonar es entender, y entender es sanar, y que para poder sanar es necesario no permitirle a nadie, incluida tu madre, seguir abusando de ti.

"El perdón es una decisión, no un sentimiento, porque cuando perdonamos no sentimos más la ofensa, no sentimos más rencor. Perdona, que perdonando tendrás en paz tu alma y la tendrá el que te ofendió" (Madre Teresa de Calcuta)

¿Pero entonces qué significa el perdón desde la concepción actual? Significa por lo menos desde mi punto de vista, no hacer daño, significa no guardar rencor, significa entender, y como último acto de perdón, significa amar. Perdonar significa amar a quien te **hizo** daño, pero no puedes perdonar a quién te sigue haciendo daño.

Es un proceso que requiere mucho trabajo interior y un acompañamiento en el proceso de sanación personal. Para perdonar tenemos que perdonarnos a nosotros mismos. No podemos dar lo que no tenemos. Por ello, se requiere comenzar por uno mismo, por entendernos, aceptarnos, perdonarnos de lo que tengamos que perdonarnos, y ultimadamente amarnos profundamente. No es un acto egoísta comenzar por nosotros mismos en estos casos, es un acto de congruencia.

Entender que fuiste abusado por la persona que se supone que debería de haberte brindado y provisto de amor incondicional desde que estabas en su seno, es profundamente perturbador. Tenemos que reconocer que es sumamente doloroso y que la herida es profunda, cáustica y desgarradora. Entender que la persona que te dio la vida es la misma que en parte pudo haber destruido tu vida, va más allá de cualquier entendimiento y razonamiento humano. El narcisismo matriarcal es la antítesis del amor por lo que se requiere desde mi punto de vista, un profundo trabajo interior y un acercamiento espiritual para poder sanar amorosamente las heridas. Amar a la madre profundamente en su dimensión espiritual es crucial para la sanación, pero lo es también entender que su enfermedad deformó el destino amoroso que los unió. Este logro de entendimiento es profundamente transformador.

Si no se interioriza y se acepta que debes perdonar y amar a la madre que te perpetró, no se podrá transitar al misterio de la relación madre-hijo, y por ende, no podrías sanar profundamente. Tienes que llegar a lo más profundo de la herida para comenzar desde adentro y perdonar desde adentro, desde lo profundo del espíritu. No es fácil y se requiere de mucha fuerza espiritual y emocional, pero sí es posible.

Por lo anterior, el trastorno narcisista de la madre es sumamente complejo de tratar, tanto para cualquier persona que sufrió el abuso, como para los mismos especialistas. Muchas personas que no saben cómo sanar, es porque no han entendido cómo perdonar. Es una pena encontrarse con personas que no desean perdonar a la madre de manera profunda, por lo tanto, no sanarán de manera profunda. Estos serán los casos más complicados de tratar, ya que, si no se desea ofrecer el perdón, no se podrá recibir la sanación interior. Es un sine qua non. Es el quid pro quo entre el perdón y la sanación.

El tiempo y la distancia curan, maduran y desengañan, sin embargo, muchas veces no se puede poner distancia de por medio. Existen ocasiones en donde no puedes alejarte del sistema o de la madre narcisista por muchas razones, y debes continuar en la cercanía del sistema de abuso. Para ello, también existen métodos que permiten sanar, tomar distancia virtual, y perdonar al mismo tiempo.

- *Si no aceptas que tu madre abusó psicológicamente de ti, no podrás comenzar tu proceso de sanación. Para sanar, hay que reconocer la herida. En un sistema narcisista matriarcal, uno de los pasos más difíciles para los hijos es primero, aceptar que la madre abusó constante y repetidamente de ti, y en segundo que tienes una herida profunda que sanar por el abuso infligido sistemáticamente por la madre.*

- *Los hijos que se quedaron en el sistema se resistirán a creer que su madre abusó de ellos de manera cruel, por ello, la sanación puede ser muy lenta, o no darse en absoluto. El gran primer paso será que seas capaz de nombrar al perpetrador, que en este caso será tu propia madre, como la fuente del abuso narcisista, y el segundo gran paso, será reconocer que tú tal vez fuiste cómplice y copartícipe de la perpetración de tu madre hacia los demás miembros de la familia. En caso de que hayas sido de los hijos que alimentaron el sistema de abuso y que hayas jugado el juego del chantaje emocional con tu madre, deberás reconocer, pedir perdón y reparar el daño para poder encontrar sanación personal.*

- *Para los hijos que sí pueden poner tierra de por medio entre la madre narcisista y la víctima, es indispensable hacerlo de manera inmediata. El alejamiento de la fuente de toxicidad es muy importante para poder comenzar el proceso de sanación personal.*

Se recomienda en la medida de lo posible, cambiar incluso de residencia, de trabajo, de ciudad, de amistades, de contacto con parientes y amigos que tengan contacto con la madre narcisista. Es el proceso de comenzar a podar el árbol genealógico. Lo anterior, será casi imposible para aquellos hijos que hayan sido programados desde muy pequeños como los hijos de oro.

Para aquellas personas que no pueden alejarse de sus madres pues ahora ya está enferma y depende del cuidado de uno o varios de sus hijos, no se podrá poner una distancia de manera fácil, por lo que se requiere comenzar a poner límites y seguir los pasos enlistados en este capítulo, aunque no se pueda alejarse físicamente del ambiente familiar.

Si eres el hijo de oro, es muy probable que tu vida haya sido destruida poco a poco por tu propia madre. Tus sueños, tus relaciones, etc. quedaron destruidos al permitir que tu madre los succionó y reemplazó por sus propios sueños y deseos egoístas. Es probable que continúes incluso viviendo con tu madre y ahora seas quién cuide de ella. En estos casos, en donde tu vida está intrínsecamente ligada y comprometida a tu madre, y tal vez la salud y cuidados de tu madre dependan de ti, será muy difícil a estas alturas escapar del sistema, sin embargo, eso no significa que no puedas hacer algo para retomar tu vida. Nunca es tarde para retomar tu vida en tus manos y comenzar a vivir el resto de ésta sanando, perdonando y reconstruyendo tu historia personal.

Podrás usar todos los pasos sugeridos en este libro para poder "zafarte" del sistema, aunque no puedas poner distancia física entre tú y tu madre. Deberás comenzar a poner límites por supuesto y tendrás que, poco a poco, recuperar tu propia vida, relaciones, amistades y proyectos, a pesar de que tu madre llore, chille, o patalee.

Para los enfoques de sanación personal basados en el amor a sí mismos y a los demás, el amor a la madre debe tener un papel central. La comprensión de que la madre padece un trastorno mental debe servir como andamiaje para construir una comprensión amorosa de tu vida y de la historia personal con la madre. Es importante entender que no fue tu culpa ni tu responsabilidad que tu madre enfermara del TNP. Entender que, en una edad adulta, lo que te pase no es responsabilidad de tu madre, eres tú quien te conviertes en el responsable de tu propia vida y que ni tu madre ni su trastorno son más una excusa para no salir adelante y emprender tu vida por sí solo.

Entender que, desde el comienzo de tu concepción, tu madre te cuidó y te trajo al mundo, y que ese regalo es el más importante que hayas recibido de alguien: la vida misma. Entender el perdón y ejercerlo será muy importante para no culparte a ti mismo, y para dejar de culpar a tu madre.

En cualquier proceso en donde existió o existe un proceso de abuso existirá la posibilidad de que nos sintamos más o menos víctimas de la situación. Es importante poner en perspectiva el nivel de abuso para entender el nivel del daño y no caer en falsas victimizaciones o, por el contrario, la posibilidad de que no aceptes y observes objetivamente todo el abuso al que fuiste sometido. También es importante tener en cuenta que en cualquier momento dentro de los sistemas familiares narcisistas puedes pasar de víctima a perpetrador en un instante, y deberás estar atento a pedir perdón, reparar el daño si es que hubo, y estar atento a que no vuelva a suceder. Caer en victimizaciones es más sencillo que ver tu lado obscuro, por lo que tienes que diferenciar entre ser la víctima o estar victimizándote.

Para no caer en un proceso de victimización puede que sea de utilidad la siguiente analogía titulada el **Laberinto de la Victimización.** Si experimentaste una perpetración por parte de alguien, imagina que sucedió justo a la entrada de un laberinto, y obviamente tienes que reconocer que fuiste víctima de esa persona o grupo de personas. Pero si vuelven a perpetrarte y no hiciste nada para evitarlo, habrás entrado a tu propio **Laberinto de la Victimización.** En ese acto existen varias fuerzas o estadios involucrados:

1) Arrastraste al perpetrador a tu Laberinto del que será muy difícil salir. Prácticamente le dijiste "pasa, entremos juntos al Laberinto".
2) Te lamentas por haber entrado a tu propio laberinto.
3) Si entras al Laberinto te costará mucho trabajo encontrar nuevamente la salida.
4) Inauguraste una sucursal del masoquismo.

Para evitar entrar en el proceso de victimización ante un sistema narcisista o especialmente con un perpetrador narcisista, los expertos en Psicología Clínica recomiendan nunca dar una segunda oportunidad ante el abuso de un sistema narcisista o de una persona con el TNP (Durvasula, 2020).

A pesar de que dar segundas o muchas oportunidades es un acto de amor y perdón, cuando se trata de un sistema enfermizo no se aplica la regla de la "segunda oportunidad". Es importante perdonar, pero desde lejos, a la distancia, sin permitir nunca más que abusen de ti.

Equipado con lo anterior, y siguiendo los pasos sugeridos, es mucho muy probable que la sanación del sistema se dé de manera más rápida y efectiva. El precio que hay que pagar es alto, pero la recompensa es enorme. Una vida saludable, feliz y libre de abuso, es una vida plena, evolucionada y trascendida. Una vida con sentido. Para eso fuimos concebidos por nuestra madre, para eso vinimos a este mundo.

XVIII
Glosario

MN
Madre Narcisista.

DSM-V
Manual Estadístico de los Trastornos Mentales 5ta revisión.

Changos Voladores
Facilitadores cómplices de la MN.

TNP
Trastorno Narcisista de la Personalidad.

TNPM
Trastorno Narcisista de la Personalidad Matriarcal o presente en la Madre.

Hijo co-narcisista
Codependiente Narcisista y facilitadores.

"Hoovering"
Aspirando. Proceso mediante el cual la madre y el sistema intentan jalar a un hijo o a varios al sistema narcisista de abuso.

"La persona"
Uno de los arquetipos en las teorías de la personalidad desarrollados por Carl Jung.

"Chivo Expiatorio"

Hijo que se rebeló contra el sistema familiar y contra el abuso de la madre narcisista.

"PTSD"

Post Traumatic Syndrome Disorder. Síndrome de la Enfermedad de Estrés Postraumático.

"PTSDC"

Post Traumatic Syndrome Disorder Complex. Síndrome de la Enfermedad de Estrés Postraumático Complejo.

XIX
Referencias

Allard, Jody. (Jan. 5, 2017). What happens when narcissists become parents. May 5, 2020, de The Washington Post Sitio web: https://www.washingtonpost.com/news/parenting/wp/2017/01/05/a-generation-of-narcissists-is-becoming-parents-what-now/

American Psychiatric Association (1952). Diagnostic and statistical manual: Mental disorders. Washington, DC: Author.

American Psychiatric Association (2013). DSM-5. Diagnostic and statistical manual of mental disorders (5th Edition). Washington, DC: Author.

American Psychiatric Association. Diagnostic and statistical manual of mental disorders. 5th ed. Arlington, VA: American Psychiatric Publishing. 2013. Pages 669-672.

Asociación Americana de Psiquiatría, Manual Diagnóstico y Estadístico de los Trastornos Mentales (5 ª ed.), Arlington, VA, Asociación Americana de Psiquiatría, 2013

Atkinson, Angela. (2019). Narcissistic Abuse Recovery: The Ultimate Toxic Relationship Survival Guide for Victims and Survivors of Narcissistic Abuse . Online Amazon.com: BlissFire Media.

Banschick, Mark. (Nov 11, 2013). The Narcissistic Mother Are you dealing with a narcissistic mother? 2020, de Psychology

Today Sitio web: https://www.psychologytoday.com/us/blog/the-intelligent-divorce/201311/the-narcissistic-mother

Barr, C. T., Kerig, P. K., Stellwagen, K. K. & Barry, T. D. (Eds.). (2011). Narcissism and Machiavellianism in Youth: Implications for the Development of Adaptive and Maladaptive Behavior. Washington, DC: American Psychological Association.

Baum, L. Frank . (1900). The Wonderful Wizard of Oz. Chicago: GEO. M. Hill Co,.

Biblioteca Nacional de Medicina de los EE.UU. (2020). ¿Qué son las enfermedades mentales? July, 23rd 2020, de Gobierno de los EE. UU. Sitio web: https://medlineplus.gov/spanish/mentaldisorders.html

Bowlby, J. (1977). The making and breaking of affectional bonds. The British Journal of Psychiatry, 130(3): pp. 201 - 210.

Butterfield, Ingrid. (March 27, 2012). The myth of Jocasta and maternal narcissism. 2019, de The Royal Australian & New Zeeland College of Psychiatrist Sitio web: https://journals.sagepub.com/doi/abs/10.1177/1039856212438952

Caligor, Eve, M.D., Kenneth N. Levy, Ph.D., Frank E. Yeomans, M.D., Ph.D. (2015). Narcissistic Personality Disorder: Diagnostic and Clinical Challenges. July 1, 2020, of The American Journal of Psychiatry / ajp.psychiatryonline.org/doi/full/10.1176/appi.ajp.2014.14060723

Castillo C. Gerardo. (2019). Profesor de la Facultad de Educación y Psicología. (20/01/19). La epidemia narcisista. Padresególatras con hijos sumisos. Publicado en Las Provincias y El Diario Montañés, snr.

Cook, Joan. (2020). https://www.doctorjoancook.com/audio-video. Jun 8, 2020, de https://www.doctorjoancook.com/audio-video Sitio web: https://www.doctorjoancook.com/audio-video

Charpentier, Denisse. (October 16th 2015). 6 señales de que fuiste criado por un padre o madre narcisista. July 10th 2019, de bibiochile.cl Sitio web: biobiochile.cl/noticias/2015/10/16/6-senales-de-que-fuiste-criado-por-un-narcisista.shtmld

Cherry, Kendra. (July 23, 2020). Narcissistic Personality Disorder Symptoms and History. July 23, 2020, de Very Well Mind Sitio web: https://www.verywellmind.com/the-history-of-narcissistic-personality-disorder-2795569

Cherry, Kendra. (June 30, 2020). The 4 Major Jungian Archetypes. July 21, 2020, de VeryWell Sitio web: https://www.verywellmind.com/what-are-jungs-4-major-archetypes-2795439

Devlin, Karen, LPC. (July 16, 2020). Family Systems Theory Definition & What Is It? July 27, 2020, de Regain Sitio web: https://www.regain.us/advice/family/family-systems-theory-definition-what-is-it/

Dhawan, N. K. (2010). Prevalence and treatment of narcissistic personality disorder in the community: a systematic review. Comprehensive Psychiatry 51.4, 333-339.

DSM-IV-TR. Diagnostic and statistical manual of mental disorders, fourth edition, text revision. Arlington, VA: American Psychiatric Association, 2000.

Durvasula, Ramani S. " Don't You Know Who I Am?": How to Stay Sane in an Era of Narcissism, Entitlement, and Incivility. Post Hill Press, 2019.

Durvasula, Ramani. (10/04/2019). Narcissists & Psychopaths. 10/04/2020, de Mentalpod Sitio web: https://mentalpod.com/archives/5531

Durvasula, Ramani. (2019). Narcissists & Psychopaths - Dr. Ramani Durvasula, The Mental Illness Happy Hour. October 4, 2019. Retrieved May 21, 2020.ra

Durvasula, Ramani. (Jan 3, 2020). What happens when you go "gray rock"? Jun 3, 2020, de DoctorRamani Sitio web: https://www.youtube.com/watch?v=AmksB-SIvtA

Durvasula, Ramani. (Jul 13, 2020). 11 tactics for not letting narcissists into your life in the first place. Jul 20, 2020, de DoctorRamani Sitio web: https://www.youtube.com/watch?v=UdcGsbcANj8&t=198s

Ellis, A. A. (2009). Personality Theories: Critical Perspectives. Thousand Oaks, CA: Sage Publications.

Fassin, Eric. (2002). La nature de la maternite: pour une anthropologie de la reproduction. Journal de anthropologues.

Fehr, B., Russell, J. (1991). The Concept of Love Viewed from a Prototype Perspective. Journal of Personality and Social Psychology.

Florescano, Enrique. (1995). Madrecita santa. En "Mitos mexicanos"(5-35). México: Ed. Aguilar.

Freud, S. (1914). Introducción al Narcisismo. Obras completas V: XIV. Buenos Aires: Amorrortu; 1980 (1914)

Greenberg, Elinor. (2019). Understanding the Terms of Narcissism. Jan 1, 2020, de Psychology Today Sitio web: https://www.psychologytoday.com/us/blog/understanding-narcissism/201909/understanding-the-terms-narcissism

Hall L. Julie. (December 3rd, 2019). The Narcissist in your life. United States: Hachette Books.

Hart, H.H. (1958). Maternal Narcissism and the Oedipus Complex. Int. J. Psycho-Anal., 39:188-190.

Irwin, H. J. (1995). Codependence, Narcissism, and Childhood Trauma. Journal of Clinical Psychology 51:5.

Jiménez-Muro,. Franco, Adriana. (2012). La comorbilidad en los Trastornos de la Personalidad. Revista Digital de Medicina Psicosomática y Psicoterapia, Vol. 2, 2-6.

Jung, Carl Gustav. (2004/2011). Obra completa de Carl Gustav Jung. Volumen 8. La dinámica de lo inconsciente: 18. Sincronicidad como principio de conexiones causales (1952). 19. Sobre sincronicidad (1952). Traducción Dolores Ábalos (2ª edición). Madrid: Editorial Trotta. pp. § 965. ISBN 978-84-8164-586-6/ ISBN 978-84-8164-587-3.

Kernberg, Otto. (1975). Borderline conditions and Pathological Narcissism. Nueva York: Jason Aronson, Inc.

Kohut, H. (1971). The analysis of the Self. New York: International Universities Press.

Lamas, Marta. (1995). Madrecita santa. En "Mitos mexicanos"(.). México: Ed. Aguilar, México.

Lancer, Darlene., JD., LMFT. (2020). Hijas de madres narcisistas. 1 de Enero 2017, de Psychology Today Sitio web: psychologytoday.com/mx/blog/hijas-de-madres-narcisista

Landaeta H., César (enero 28, 2018). El padre anulado o «inexistente». Consecuencias en la personalidad. 11 de Nov 2019, de 2017 CÉSAR LANDAETA H. Psicoterapia online / cesarlandaetah.com/padre-anulado-inexistente/

Luton, Frith. (2020). Mother Complex. 2020, de FrithLuton.com Jungian Dream Analysis and Psychotherapy Sitio web: https://frithluton.com/articles/mother-complex/

Manzano Juan, Francisco Palacio Espasa y Natalie Zilkha. (1999). "Les scénarios narcissiques de la parentalité". Francia: Presses Universitaires de France.

Marcin, Anoushka. (May 14, 2018). Narcissistic Family Structures. July 27, 2020, de Balance Psychologies Sitio web: https://www.balancepsychologies.com/post/2018/05/14/narcissistic-family-structures

Mayo Clinic. (2020). Trastorno Narcisista de la Personalidad. July 8, 2020, de Mayo Clinic Sitio web: https://www.mayoclinic.org/es-es/diseases-conditions/narcissistic-personality-disorder/diagnosis-treatment/drc-20366690

Mayo Clinic. (Feb. 24, 2018). Trastorno Narcisista de la Personalidad. Dic 15, 2019, de Mayo Clinic Sitio web: https://www.mayoclinic.org/es-es/diseases-conditions/narcissistic-personality-disorder/symptoms-causes/syc-20366662

Mayo Clinic. Fuente: reimpreso del artículo de MayoClinic.com "Mentalillness: Definition" http://www.mayoclinic.com/health/mental- disease / DS011

Moya, Guirao. (30th Jul 2016). Narcisismo primario y narcisismo secundario. Junio de 2020, de Psicoterapeutas EU Sitio web: http://psicoterapeutas.eu/tag/amor-objetal/

Oliveros, C. Sergio. (2020). La familia narcisista: una fábrica inagotable de neurosis experimentales. 1 de Julio de 2020, de Grupo Doctor Oliveros / la-familia-narcisista-una-fabrica-inagotable-de-neurosis-experimentales/

Quinn, Susan. (June 30, 1981). OEDIPUS VS. NARCISSUS. The New York Times, Section 6, Page 120.

Salavera, C., Puyuelo, M., Tricás, J.M., & Lucha, O. (2010). Comorbilidad de trastornos de personalidad: estudio en personas sin hogar. Universitas Psychologica, 9 (2), 471-481.

Simon, JH. (Aug 14, 2018). How to Kill a narcissist. United States: ISBN: 9781386442134.

Trechera José Luis, Genoveva Millán Vásquez de la Torre, Emilio Fernández Morales, (July/Dec. 2008). Estudio Empírico del Trastorno Narcisista de la Personalidad (TNP). Acta Colombiana de Psicología, vol.11 no.2, 1.

Twenge JM, Campbell WK. The narcissism epidemic: Living in the age of entitlement. New York, NY, US: Free Press; 2009.

Twenge, Jean & Miller, Joshua & Campbell, W. Keith. (2014). The Narcissism Epidemic: Commentary on Modernity and Narcissistic Personality Disorder. Personality disorders. 5. 227-9. 10.1037/per0000008.

Universidad Nacional Atónoma de México [UNAM] Facultad de Psiquiatría. (2020). Trastornos de la Personalidad. Julio 3, 2020, de Universidad Nacional Autónoma de México UNAM Sitio web: http://psiquiatria.facmed.unam.mx/docs/ism/unidad2.pdf

Vives P., Ana (2017). Relaciones Objetales. 24 de junio de 2020, de Psicoanálisis0 Sitio web: http://www.psicoanalisis0.com/relaciones-objetales-2/

Cannon, Walter (1929). Bodily Changes in Pain, Hunger, Fear and Rage. (2nd ed., revised and enlarged.) New York: Appleton, 1929.

XX
Acerca del autor

Mauricio Zermeño De los Reyes nació en León, Guanajuato, México, es casado y tiene dos hijos. Gran parte de su experiencia se ha centrado en la Dirección Ejecutiva de empresas internacionales y el manejo de la Dirección Comercial para empresas multinacionales.

Cuenta con una licenciatura en Negocios Internacionales por el Tecnológico de Monterrey, un diplomado en Inteligencia Emocional por el mismo instituto y actualmente cursa la carrera de Psicología por la Universidad Nacional Autónoma de México. Ha escrito diversos artículos y es socio fundador de dos empresas en México. Cuenta con una trayectoria extensa como Director Comercial en empresas públicas y privadas transnacionales, en varios países como EE. UU, Inglaterra y México. Ha ocupado varios puestos como funcionario de gobierno a nivel Estatal, Federal, Diplomático e Internacional. Desde hace 6 años, comenzó a especializarse en el estudio del Trastorno Narcisista de la Personalidad (TNP), y está realizando actualmente una investigación acerca del TNP en *sistemas de poder* (Gobierno y Estructuras Eclesiásticas y Religiosas).

Como catedrático para la University of Incarnate Word ha impartido las materias de: *Political Science, Local and State Politics in the US, Public and Private Law*, e *International Franchises*. Ha impartido y asesorado a organizaciones y a empresas en los temas de *liderazgo en el siglo XXI, Dirección Comercial y Creación de Nuevos Negocios*. En la actualidad se dedica de tiempo completo a su familia y a la promoción de negocios e inversiones entre EE. UU. y México.

Mauricio Zermeño De los Reyes
zermenodelosreyesmauricio@gmail.com

PLGDD